Gerhard E. Sollbach

Amerika 1590

Gerhard E. Sollbach

Amerika 1590

Europas erste Bilder von der Neuen Welt

Der Virginia-Bericht Thomas Harriots
mit 25 Kupferstichen Theodor de Brys
nach den Bildern John Whites

Phaidon

Bei der vorliegenden neuhochdeutschen Übersetzung des Virginia-Berichts ist versucht worden, den originalen Text hinsichtlich des Wortgutes und des Satzbaues soweit vertretbar zu erhalten. Um den eigentlichen Text nicht durch einen wissenschaftlichen Apparat zu erdrücken, wurden Erläuterungen in Fußnoten nur dort gegeben, wo es nach Auffassung des Herausgebers und Übersetzers zum Verständnis der Textaussage und zur Richtigstellung grober sachlicher Irrtümer unbedingt erforderlich schien.

Umschlaggestaltung
J. Koopmann, Essen

ISBN 3-88851-154-2

Inhalt

VIRGINIA – ENGLANDS ERSTE KOLONIEGRÜNDUNG IN NORDAMERIKA 1584-1590

Erste Erkundung 1584

Suche nach Reichtum

Die englische Kolonisierung in Nordamerika war im Vergleich zu den spanisch-portugiesischen Aktivitäten in Mittel- und Südamerika und auch den Vorstößen Frankreichs im heutigen Kanada ein recht später Vorgang. Zwar hatten die Berichte von Christoph Kolumbus in den letzten Jahren des 15. und zu Beginn des 16. Jahrhunderts auch in England mit tatkräftiger Unterstützung des weitsichtigen Königs Heinrich VII. eine Reihe von Expeditionen über das Meer nach Westen veranlaßt. Die bekanntesten sind die von John Cabot, eines in englische Dienste getretenen Venezianers, 1497 und 1498, und seines Sohnes Sebastian, 1508-1509. Doch der Sohn und Nachfolger Heinrichs VII., Heinrich VIII., wollte Ruhm in Europa erringen. Die Entdeckungsfahrten nach Übersee betrachtete er daher als ein zu kostspieliges Unterfangen, und die Errichtung von Kolonien jenseits des Atlantiks war für ihn bloß eine nutzlose Vergeudung von Menschenmaterial. Ebensowenig staatliche Sympathie oder gar Förderung fanden irgendwelche amerikanischen Koloniepläne während der Regierungszeit von Maria der Katholischen. Die neue Köngin und baldige Gemahlin von Philipp II. von Spanien vertrat auch außenpolitisch die Partei Spaniens, was unter anderem die Respektierung der aufgrund eines päpstlichen Schiedsspruchs in dem Vertrag von Tordesillas 1494 erfolgten Teilung der Welt in ein spanisches und portugiesisches Kolonialreich beinhaltete. Amerika war seinerzeit – mit Ausnahme eines Teils, den Portugal erhielt – Spanien zugesprochen worden. Auch Elisabeth I. (1558-1603) sah sich aufgrund innen- wie außenpolitischer Erwägungen genötigt, wenigstens zunächst im Hinblick auf Kolonisierungspläne in Amerika Zurückhaltung zu üben. Philipp II. – seit 1580 auch Herrscher von Portugal – wachte nämlich argwöhnisch über seinen amerikanischen Besitz. Jedes Eindringen fremder Mächte in dieses Gebiet, z. B. in die klimatisch begünstigten und in der Nähe der spanischen Besitzungen gelegenen Teile Nordamerikas, mußte somit zwangsläufig zum – militärischen – Konflikt mit der Großmacht Spanien führen. Einen solchen Zusammenstoß mit dem mächtigen Spanien suchte Elisabeth I. aber so lange wie möglich zu vermeiden. Erst in dem Maße, wie sich infolge des rücksichtslosen Vorgehens Spaniens gegen die protestantischen Niederlande zu Beginn der 1580er Jahre die Beziehungen zwischen England und Spanien verschlechterten und ein offener Kampf immer unausweichlicher wurde, wuchs auch die Bereitschaft der englischen Führung, den Seeabenteurern und Spekulanten in England die Ausführung ihrer Pläne einer Koloniegründung in (Nord-)Amerika zu gestatten und ihnen auch staatliche Förderung zuteil werden zu lassen. Dies führte dann zu dem von Sir Walter Raleigh 1584-1590 unternommenen ersten Versuch, eine englische Kolonie in Nordamerika (»Virginia«) zu errichten.

Der damals knapp 30jährige, gut aussehende und ebenso intelligente wie ehrgeizige Walter Raleigh war zu dieser Zeit der bevorzugte Günstling Elisabeths I. Aufgrund seiner Stellung am Hofe erhielt W. Raleigh Ämter und Privilegien, durch die er zu einem der reichsten Männer im damaligen England wurde. Was W. Raleigh genau veranlaßt hat, sich mit dem Plan einer Koloniegründung in Nordamerika zu befassen, ist nicht überliefert. Doch wurde ein solches Kolonievorhaben seinerzeit in England aus verschiedenen Gründen propagiert. An erster Stelle ist dabei allerdings stets, so z. B. auch von dem Apostel der englischen Expansion nach Übersee, Richard Hakluyt d. J., 1584 in seiner kolonialen Propagandaschrift ›A Discourse on the Western Planting‹, die

»höchst fromme und christliche Aufgabe« genannt worden, das Evangelium auszubreiten und die im Irrglauben lebenden Heiden auf den »richtigen und wahren Weg der Erlösung« zu bringen. Allerdings handelte es sich bei dieser frommen Begründung der englischen Koloniepläne aber mehr um einen zeitbedingten Gemeinplatz, durch den die egoistischen und rein materiellen Motive einer Koloniegründung überdeckt und derartigen Vorhaben eine höhere Weihe verliehen werden sollten. Doch im Anschluß daran werden in den betreffenden Schriften dann unverzüglich die konkreten, vor allem wirtschafts- und sozialpolitischen Gründe für die Schaffung von englischen Kolonien in Amerika vorgebracht. Dabei spielte zum einen die Suche nach neuen Exportmärkten für die bei weitem wichtigste englische Handelsware, nämlich Wolltuche, eine entscheidende Rolle. Tatsächlich erlebte die englische Tuchindustrie vor allem in Mittelengland (Lancashire, Yorkshire/West Riding) damals einen enormen Aufschwung. Es wurden allerdings hauptsächlich einfache, grobe Tücher hergestellt, für die man in Übersee geeignete Absatzmärkte zu erschließen hoffte. Außerdem hatte man in England gemäß der von dem Ersten Staatssekretär William Cecil (ab 1571 Lord Burleigh) betriebenen Politik des verstärkten Ausbaus der englischen Wirtschaft auch damit begonnen, neue Industrien zu entwickeln. Hierzu gehörte unter anderem die Ausbeutung der Erzvorkommen und der Aufbau einer Eisen- bzw. Stahl- und Buntmetallindustrie. Dazu bediente man sich nicht nur deutschen Kapitals, sondern auch des damals in Europa führenden deutschen Fachwissens und Könnens auf diesem Gebiet. So wurde z. B. die bedeutende Augsburger Firma Haug und Langenauer mit der Erschließung der Kupferlagerstätten und der Entwicklung einer Kupferindustrie im Nordosten Englands (Cumberland) beauftragt. 1565 brachte die Firma zu diesem Zweck ein erstes Kontingent von etwa 50 Tiroler Bergleuten nach England. Für diese neuen Industrieprodukte suchte man ebenfalls in Übersee nach neuen Absatzmöglichkeiten. Das erschien vielen Beobachtern in England auch deshalb als immer dringlicher werdend, weil einerseits der englische Handel und durch ihn die englische Güterproduktion seit der Mitte der 1570er Jahre eine wahre Hochkonjunktur erlebten, andererseits aber nicht zuletzt aufgrund der politischen Entwicklungen auf dem Kontinent die traditionellen Absatzmöglichkeiten für englische Waren im Ausland immer problematischer wurden. Traditionell war Antwerpen Englands wichtigster Überseemarkt. Auf dem für das damalige gesamte Europa maßgebenden Umschlagplatz Antwerpen kauften die Engländer aber auch einen Großteil ihrer Importwaren auf, unter anderem Gewürze, da der König von Portugal den Antwerpener Kaufleuten hierfür ein Monopol verliehen hatte. Doch die Abhängigkeit von Antwerpen bedeutete zugleich die Abhängigkeit von den politischen Verhältnissen in den Niederlanden. Diese gestalteten sich aber seit der Ankunft des Herzogs von Alba 1567 als spanischen Statthalter und dem immer rücksichtsloseren Vorgehen Spaniens gegen die protestantischen Niederlande zunehmend kritischer und führten auch zu einem anhaltenden Niedergang von Antwerpen als Handelsplatz. Außerdem bedeutete das Angewiesensein auf Antwerpen letztlich auch die Abhängigkeit von Spanien. Aber die Beziehungen zwischen England und Spanien verschlechterten sich seit dem Beginn der 1570er Jahre wegen der Unterdrückungspolitik Spaniens in den Niederlanden und vor allem nach der Lossagung der sieben in der Utrechter Union zusammengeschlossenen nördlichen Provinzen von Spanien am 26. 7. 1581 und drohten immer mehr zu einem offenen, militärischen Konflikt zu werden. Zwar gelang es den englischen Kaufleuten, in gewissem Umfang sich neue Märkte in Europa, Asien und Afrika zu erschließen. Doch infolge der Eroberung Portugals durch Philipp II. 1580 und die Angliederung des Landes an Spanien kamen auch die portugiesischen Überseebesitzungen unter spanische Kontrolle. Brasilien, West-Afrika, Ceylon und Ostindien wurden mit dem spanischen Amerika und den Philippinen zu einem ersten Weltreich vereinigt, in dem die Sonne nie unterging. Angesichts der seit Beginn der 1580er Jahre immer offener ausgetragenen Feindseligkeit zwischen England und Spanien drohte die Gefahr, daß englische Schiffe und Waren nicht nur bald für immer von ganz Spanien und Portugal, den Spanischen Niederlanden und den von Spanien besetzten Gebieten Frankreichs sowie weiten Teilen der Mittelmeerküste ausgeschlossen sein würden, sondern ihnen auch die Absatz- wie Rohstoffmärkte in Übersee nicht mehr zugänglich waren, während der noch verbleibende Handel nur mit hohem Risiko und unter großen Schwierigkeiten durchgeführt werden konnte. Das hatte aber nicht nur Folgen für die Ausfuhr von englischen Gütern, sondern auch für die Einfuhr wichtiger, von der heimischen Industrie benötigter Rohstoffe, wie z.B. von Färberwaid und Alaun, mit allen sich daraus für die englische Wirtschaft ergebenden nachteiligen Auswirkungen.

Zum anderen wurde die Forderung von englischen Kolonien in Amerika und damit die Schaffung neuer Märkte von den dafür eintretenden Kreisen in England seinerzeit damit begründet, daß durch die dann ermöglichte Arbeit für die Exportindustrie denjenigen – wachsenden – Teilen der Bevölkerung in England, die jetzt aufgrund fehlender Erwerbsmöglichkeiten entweder in die Kriminalität abglitten oder der öffentlichen Armenfürsorge anheimfielen, eine nützliche Beschäftigung und die Möglichkeit zum eigenen Erwerb ihres Lebensunterhalts verschafft werden könnte. Tatsächlich sah man sich damals in England sowohl mit einem enormen Anwachsen der Bevölkerung als auch dem großenteils durch strukturelle Veränderungen der Wirtschaft hervorgerufenen Problem wachsender Arbeitslosigkeit oder doch erheblicher

Unterbeschäftigung der Masse der Bevölkerung konfrontiert – einschließlich der sich daraus ergebenden sozialen Folgen wie Landstreicherei und Verbrechertum. Auch als Lösung all dieser in erster Linie wirtschaftlich bedingten sozialen Mißstände wurde damals die Schaffung von englischen Kolonien in Amerika angepriesen. So schrieb z. B. Sir George Peckham in seinem 1583 veröffentlichten Pamphlet ›A true Reporte of the late Discoveries ...‹: »Nicht nur wird ein großer Teil der Erwachsenen, die jetzt untätig zu Hause herumsitzen und nur eine Last ... und ohne Nutzen für das Land sind, auf diese Weise wieder an die Arbeit gebracht, sondern auch Kinder von 13 und 14 Jahren können von dem Müßiggang abgehalten werden, indem sie Dinge als Handelswaren für das Land herstellen.« Hinsichtlich der Produkte, mit denen man die – selbstverständlich nackten – »Wilden« in Amerika beglücken wollte, war in erster Linie an Tuche (und zwar von der gröberen Art) für Kleidungsstücke, Hüte und Mützen sowie an sonstige Modeartikel gedacht, deren Gebrauch man bei den noch »unzivilisierten« Bewohnern einzuführen gedachte. Aber auch Tausende anderer kleiner Industrieprodukte, die, wie G. Peckham es 1583 ausdrückte, »für uns nur geringwertige Waren sind, aber von ihnen (= den Indianern) als sehr wertvoll angesehen und hochgeschätzt werden«, wie z. B. kleine Spiegel, Glöckchen, Perlen, Armreifen, Glas- und Bernsteinketten, sollten für den Export in die Neue Welt in England hergestellt werden. Außerdem würde man, so G. Peckham, durch das Verteilen derartiger Kleinigkeiten als Geschenke an die Indianer »deren barbarische Natur in kürzester Zeit dazu bringen, uns und unsere Anwesenheit zu lieben.« Überhaupt wurde den amerikanischen Ureinwohnern von den Verfechtern derartiger englischer Kolonialprojekte eine überwiegend passive Rolle zugedacht. Zwar meinte man, daß sie den Kolonisten anfangs vielleicht einige Hilfe bei der Ansiedlung leisten könnten, aber ein eigenes

Recht der Indianer auf den Besitz des Landes, das die Engländer begehrten, wurde ihnen nicht zugebilligt. Falls die Indianer sich jedoch erdreisten sollten, die englischen Kolonisten zu behindern oder sie gar zu vertreiben suchten und ihnen ihren Besitz, den sie, wie sich G. Peckham ausdrückte, durch Arbeit und Recht erworben hatten, nicht lassen wollten, dann war es nach dieser Auffassung durchaus billig und auch überhaupt nicht unchristlich, gegen die Indianer mit Gewalt vorzugehen und sie zu bestrafen.

Ein weiteres gewichtiges Argument der damaligen Propaganda für die Gründung englischer Kolonien in Amerika war, daß man dort ganz sicher all die Rohstoffe und sonstigen Naturprodukte zu finden hoffte, die England seinerzeit von überall her noch einführen mußte. Außerdem könnte man, so wurde argumentiert, die dort ebenfalls als gewiß vorkommend angenommenen großen Vorkommen an Bodenschätzen, unter anderem auch von Silber und Gold, ausbeuten. Auf diese Weise würden nicht nur die Menschen in England durch die Arbeit für die Exportindustrie beschäftigt werden, sondern man könnte auch ausreichend Arbeit in den Kolonien für beschäftigungslose Bewohner des Mutterlandes finden. Bei den zu diesem Zweck nach Amerika zu transportierenden Personen dachte man nicht zuletzt an alle in England lästigen religiösen und sozialen Minderheiten, insbesondere aber an die Gemeindearmen und die Kriminellen, was auch eine Art von Lösung sozialer Probleme darstellte. Allerdings war diese Idee keineswegs neu. Bereits John Cabot hatte 1498 für seine zweite Fahrt von König Heinrich VII. eine Anzahl von Galgenvögeln und Gefängnisinsassen zugesagt bekommen, die er in der Neuen Welt zur Gründung einer Kolonie zurücklassen sollte. Neu war allerdings der von dem Geographen und treuen Kirchenmann R. Hakluyt d. J. in seiner bereits erwähnten Schrift von 1584 vorgetragene Gedanke, die damals England beunruhigenden vielfältigen religiösen und theologischen Streitereien dadurch zu beenden, daß man auch alle Geistlichen, die »aufgrund von zuviel Muße hier zu Hause jetzt ständig neue theologische Lehrmeinungen erfinden«, nach Amerika schickte. Hier sollten sie den Indianern die Hauptpunkte des christlichen Glaubens beibringen, was sie genügend beschäftigen dürfte und wodurch sie »weniger streitlustig und vielmehr mit der Glaubenswahrheit zufrieden sein (würden), die von der Obrigkeit festgesetzt worden ist«.

Nicht zuletzt wurde die Anlage einer englischen Kolonie in Amerika damals aber auch deshalb gefordert, weil man hoffte, von dort aus die vermutete Nordwest-Passage zu entdecken und damit einen eigenen, direkten Zugang Englands zu den sagenhaften Reichtümern des Ostens zu erhalten. Zwar hatte Sir Francis Drake, der bei seiner Weltumseglung 1577-1580 ein beträchtliches Stück die Westküste Nordamerikas hinaufgefahren war, nirgends den westlichen Ausgang einer Nordwest-Passage entdecken können. Doch viele Gelehrte in England vertraten auch weiterhin den schon von Sebastian Cabot vorgebrachten Standpunkt, daß der nordamerikanische Kontinent hoch oben im Norden in eine Spitze auslaufe und dort ein in südwestlicher Richtung führender Wasserweg existiere, der zu jenem Meer führe, das der portugiesische Seefahrer und Weltumsegler Fernão de Magalhães (Magellan) den Stillen Ozean genannt hatte. Sie stützten sich bei dieser Annahme auf den Glauben, daß eine Welt, die in der Form sphärisch war, in der Gestaltung auch symmetrisch sein müsse, es also entsprechend der bereits entdeckten Nordost-Passage auf der Südhalbkugel eine Nordwest-Passage auf der Nordhalbkugel gebe. In dem durch die Nordwest-Passage auf der nördlichen Route zu erreichenden Stillen Ozean lagen aber nicht nur die seinerzeit auch von F. Drake besuchten Molukken oder Gewürzinseln, die für den portugiesischen König eine ebenso große Quelle unermeßlichen Reichtums darstellten wie die peruanischen Silberminen für den Herrscher von Spanien. In dieser riesigen und von den Europäern noch weitgehend unerforschten Region befanden sich auch jene Wunderländer, wie z. B. Cathay (China) und Cipangu (Japan), von denen Marco Polo schon vor mehr als zwei Jahrhunderten so Erstaunliches zu berichten wußte, und wo die Phantasie der Europäer geradezu unglaubliche Reichtümer vermutete. Der Vorteil eines solchen nördlichen, direkten Wasserweges zum Pazifik war für England offenkundig. Dieser Weg war nicht nur erheblich kürzer als die Südostroute um Afrika und das Kap der Guten Hoffnung herum oder die Südwestroute um Südamerika und Kap Horn. Sie war auch viel ungefährlicher, da sie weit außerhalb der von Piraten verunsicherten Gebiete und vor allem abseits des Machtbereiches eines europäischen Herrschers (namentlich Spaniens und Portugals) verlief. Das bedeutet aber, daß England diesen Seeweg für sich allein haben würde, der es den Engländern nicht nur ermöglichte, das portugiesische Gewürzmonopol zu umgehen, sondern ihnen auch einen unmittelbaren Zugang zu den sonstigen Reichtümern des Ostens eröffnete. Nicht nur einen in Worten gar nicht auszudrückenden Ruhm hatte Richard Hakluyt d. Ä. in einer vermutlich Anfang 1584 verfaßten Schrift (›Inducements . . .‹) daher allen denjenigen verheißen, die durch die – allerdings erst noch zu findende – Nordwest-Passage in den Pazifik gelangten, sondern auch ungeheuren Reichtum durch den Handel mit Gewürzen, Gold, Silber, Edelsteinen und anderen in Europa begehrten Waren. Eine Kolonie an der Küste Nordamerikas konnte für ein solches Unternehmen eine wichtige Funktion als Zwischen- und Ausrüstungsstation erfüllen.

Diese doppelte Zielsetzung, nämlich einmal eine »echte« Ansiedlung zu gründen, und zum anderen eine Ausgangs- und Versorgungsbasis für Fahrten durch die Nordwest-Passage in den Pazifik wie auch für die von der englischen Krone mehr oder weniger offen gebilligten Kaperfahrten gegen die spanische Amerikaflotte zu schaffen, ist ein Kennzeichen – und ein Problem – der frühen englischen Kolonieprojekte in Amerika gewesen. Auch hinsichtlich des von W. Raleigh 1584-1587 verfolgten Vorhabens einer Koloniegründung in Virginia muß offen bleiben, welches der beiden Ziele hierbei im Vordergrund stand. Doch gibt es einige konkrete Hinweise darauf, daß bei diesen Virginia-Plänen zumindest die Absicht mitgewirkt hat, die Kolonie auch als Stützpunkt für Überfälle auf die spanische Silberflotte zu benutzen. Hierauf deutet vor allem die Tatsache hin, daß W. Raleigh sich in dem am 25. 3. 1584 für die Koloniegründung in Amerika ausgestellten königlichen Patent ausdrücklich das Recht zusichern ließ, in der Neuen Welt nicht nur eine Ansiedlung, sondern auch einen stark befestigten Platz anlegen zu dürfen. Ein weiteres Motiv für W. Raleighs Entschluß, eine Kolonie in Nordamerika anzulegen, war möglicherweise auch die verlockende Aussicht, die George Peckham in seiner schon erwähnten Schrift 1583 so verführerisch dargestellt hatte, in der Neuen Welt ohne große Mühe einen riesigen Herrschaftsbesitz und damit zugleich auch ungeheure Macht zu gewinnen. Doch was immer die öffentlich verkündeten Gründe und Ziele der Koloniegründung in Virginia gewesen sein mögen, letztlich ging es W. Raleigh und den übrigen daran Beteiligten um den Erwerb von Reichtum, und zwar möglichst viel und rasch und am besten in der Form von Gold und Silber. Man hoffte vor allem, in Nordamerika ein zweites Mexiko oder Peru oder doch wenigstens die Nordwest-Passage und damit den riesige Gewinne versprechenden Zugang zu den Reichtümern des Orients zu finden. Außerdem konnte eine Kolonie in Nordamerika ja immer noch als Stützpunkt für den Kaperkrieg gegen die spanischen Silberschiffe dienen und damit ebenfalls schnellen und großen Reichtum bringen.

Irdisches Paradies

Auf jeden Fall ging W. Raleigh mit der ihm eigenen Energie und Umsicht an die Ausführung seines Planes einer Koloniegründung in einem weit genug von den spanischen Besitzungen gelegenen Teil Nordamerikas. Zunächst sandte er daher erst einmal 1584 zwei Expeditionsschiffe aus, deren Führung er zwei bewährten Kapitänen, Arthur Barlowe und Philip Amadas, und dem bereits auf der Amerikaroute erfahrenen Steuermann Simon Fernandez anvertraute.

Am 4. 7. 1584 sichtete die Erkundungsflotte die Küste Nordamerikas. Doch etwa anderthalb Wochen mußten die Schiffe an den sich vor der Küste des heutigen US-Bundesstaates North Carolina hinziehenden Carolina-Sandbänken entlangsegeln, bis man schließlich unterhalb der Insel Roanoke einen Durchlaß entdeckte. Mit großer Mühe manövrierten die Besatzungen die Schiffe durch den von Sandbänken und Untiefen übersäten Durchlaß und ließen dann in dem dahinter liegenden flachen Pamlico Sund die Anker fallen.

Nachdem die Engländer erst einmal gebührend Gott für die glückliche Ankunft gedankt hatten, brachten sie anschließend die Boote zu Wasser und gingen an Land. Obwohl die Männer sich dessen wohl gar nicht bewußt waren, erlebten sie einen der bedeutsamsten und folgenreichsten Augenblicke der Weltgeschichte. Fast drei Menschenalter nachdem die Neue Welt von Kolumbus entdeckt worden war, hatten nunmehr auch die Engländer den amerikanischen Schauplatz betreten, dessen Geschichte sie in diesem nördlichen Bereich in den folgenden Jahren entscheidend bestimmen und bis heute prägen sollten.

Nachdem die Ankömmlinge das Land förmlich im Namen der englischen Königin und W. Raleighs in Besitz genommen hatten, sahen sich die neuen Herren ihren Besitz näher an.

Kapitän A. Barlowe schreibt in dem nach seiner Rückkehr für W. Raleigh verfaßten Reisebericht über dieses denkwürdige Ereignis: »Die Stelle, wo wir zuerst landeten, war sehr sandig und zum Meer hin ganz flach. Aber sie war voll von Trauben, so daß die Wellen, wenn sie gegen das Ufer brachen, über sie hinweggingen. Von den Trauben fanden wir eine derartige Fülle, und zwar nicht nur hier, sondern überall: sowohl auf dem sandigen Boden als auch auf den mit Grün bewachsenen Hügeln und auf den Ebenen, und selbst bis in die Spitzen der hohen Zedern rankten sie sich empor, daß es – wie ich glaube – nirgendwo sonst auf der ganzen Welt eine derartige Überfülle gibt.« Die Männer drangen daraufhin weiter in das Landesinnere vor und bestiegen dort einen Hügel, um einen weiteren Blick zu haben. Dabei erkannten sie, daß sie sich noch gar nicht auf dem Festland, sondern auf einer davor gelagerten, langgestreckten Insel (Hatarask Island) befanden. Im Norden und Süden sahen sie das Meer, während sich im Westen, so weit man blicken konnte, Land erstreckte. Die Täler waren mit Wäldern vorwiegend von Zedern (»die höchsten und rötesten der Welt und viel besser als die auf den Azoren, in Indien oder im Libanon«, wie A. Barlow ausdrücklich vermerkt), Pinien, Zypressen, Sassafras-, Mastixharz- und Lorbeerbäumen bestanden. Das Land wimmelte nur so von Rotwild, Hasen, Kaninchen und allen möglichen Arten von Flugwild. So stiegen, als einer der Männer ein Gewehr abfeuerte, von dem Knall aufgeschreckte, riesige Schwärme weißer Kraniche aus den Niederungen auf. Über allem lag zudem eine Luft voll angenehmer, aromatischer Düfte.

Nirgends fanden die Engländer jedoch ein Spur menschlicher Bewohner. Allerdings zogen sie sich aus Vorsichtsgründen nach ihren Erkundungsfahrten und -märschen immer wieder auf die Schiffe zurück. Am dritten Tag tauchte plötzlich ein kleines Einbaum-Boot auf. In ihm saßen drei Indianer, die auf eine in Sichtweite der Schiffe gelegene Insel zupaddelten. Als sie den Strand erreichten, blieben zwei der Eingeborenen bei dem Boot zurück, während der dritte bis zu einer Stelle direkt gegenüber den Schiffen weiterging und dort auf- und ablief. Die Engländer schlossen daraus, daß der Mann mit ihnen Kontakt aufnehmen wollte und bemannten ihrerseits ein Boot. Die Annäherung des Bootes betrachtete der Indianer, wie die Engländer verwundert feststellten, ohne das geringste Anzeichen von Furcht oder auch nur Argwohn. Bei ihrer Ankunft wurden die weißen Männer von dem Indianer mit einer langen Rede in einer ihnen völlig unbekannten Sprache begrüßt. Nachdem sie einige Zeit versucht hatten, sich zu verständigen, nahmen die Engländer den Indianer schließlich mit seinem Einverständnis auf die Schiffe mit. An Bord gaben sie ihm zunächst ein Hemd und schenkten ihm auch noch ein paar weitere Kleinigkeiten. Außerdem ließen sie ihn von ihren Fleischvorräten und von ihrem Wein probieren, die ihm beide offensichtlich ausgezeichnet mundeten. Nachdem der Indianer noch die Schiffe eingehend und voller Staunen besichtigt hatte, ging er wieder von Bord und kehrte zu seinem Kanu zurück. Mit seinem Boot fuhr er aber sogleich etwa zwei Bogenschußlängen auf das Wasser hinaus und begann zu fischen. In weniger als einer halben Stunde war das Boot bis zum Rand mit Fischen gefüllt. Daraufhin paddelte der Indianer wieder zu der Stelle zurück, an der er mit den Engländern zusammengetroffen war. Dort teilte er den Fang in zwei gleich große Haufen auf, wobei er abwechselnd auf das eine und dann auf das andere Schiff zeigte, und paddelte dann wieder davon.

Friede und Freundschaft

So endete die erste Begegnung zwischen Indianern und Engländern in jenem Teil Amerikas, der bald Neu-England werden sollte. Sie ist gekennzeichnet von gegenseitiger Höflichkeit und Achtung sowie beiderseitigem materiellen Vorteil. Einen Tag nach diesem ersten denkwürdigen Zusammentreffen tauchte dann eine ganze Flotte von Kanus auf, in denen etwa 40-50 Indianer saßen. Unter ihnen befand sich auch Granganimeo, der Bruder des in dieser Gegend herrschenden Häuptlings Wingina; letzterer konnte wegen einer kürzlich erlittenen Kampfverletzung nämlich nicht selbst kommen. Auch dieses Zusammentreffen zwischen Weißen und Indianern geschah an der Stelle, an der die erste Begegnung am Vortag stattgefunden hatte, und verlief ebenso freundlich und höflich. Indem Granganimeo mit der Hand zuerst gegen seine Stirn und Brust und dann gegen die der Engländer schlug und so zu verstehen gab, daß sie jetzt »alle eins seien«, brachte er seine Freude über das Kommen der fremden Männer sowie seine Freundschaft mit ihnen zum Ausdruck. Auch diesmal revanchierten sich die Europäer für eine lange, ihnen unverständliche Rede mit einigen kleinen Geschenken.

Dieses ausgesprochen freundschaftliche Verhältnis zwischen den Indianern und den Weißen hielt die gesamten etwa sechs Wochen an, während der sich die Expedition in dem neuen Land aufhielt. So wurden die Männer auch bei einer Erkundungsfahrt in dem Dorf Granganimeos im Norden der Roanoke-Insel mit größter Gastfreundlichkeit aufgenommen. Die Frauen wuschen den Männern sofort die Kleidung und auch die Füße und bewirteten anschließend die Gäste mit üppigen Gerichten von Wild, Melonen, Wurzeln und zahlreichen anderen Früchten.

Zwischen den Engländern und den Indianern entwickelte sich sehr bald auch ein reger Tauschhandel. Die Indianer brachten Lebensmittel, vor allem verschiedene Arten von Gemüse, sowie Muscheln, fein gegerbtes Hirschleder und andere Tierhäute. Als Gegenleistung erhielten sie europäische Güter, wobei Zinngeschirre und kupferne Kessel besonders begehrt waren. Auch die viel bestaunten eisernen Waffen und Rüstungen hätten die Indianer nur allzu gerne erworben. Doch obwohl sie große Mengen an Perlen für diese Gegenstände boten, ließen sich die Engländer aus Vorsicht hier auf keinen Handel ein.

Während ihres Aufenthaltes bemühte sich die Expedition aber ständig, durch eigene Beobachtung, Befragung der Indianer mit Hilfe der Zeichensprache, Mimik und Gestik sowie durch eigene Schlüsse so viel wie nur möglich über das Land zu erfahren. Das Land, so fanden die Männer heraus, war nur dünn besiedelt. Die zur Kultur der Algonkin-Indianer des östlichen Waldlandes gehörenden Bewohner lebten in kleinen, aus Rindenhäusern bestehenden und teilweise auch mit einem Palisadenzaun geschützten Dörfern, die von Häuptlingen geleitet wurden. Aufgrund der ständigen Kämpfe der Dörfer untereinander war das Land auf »wundersame Weise« an vielen Stellen von den Eingeborenen entblößt und bot somit besonders günstige Voraussetzungen für die Anlage einer Kolonie.

Die Eingeborenen selbst – Männer wie Frauen – waren von anziehender Körpergestalt: sie hatten eine gelblichbraune Haut sowie Haare, deren Farbe von tiefschwarz bis rotbraun reichte. Ihr Benehmen war gesittet und konnte es durchaus mit dem eines jeden zivilisierten Volkes in Europa aufnehmen. In seinem Bericht faßte A. Barlowe seine Erkenntnisse über die Indianer so zusammen: »Wir fanden das Volk der Eingeborenen höchst sanft, freundlich, zuverlässig und ohne jede Arglist und jeglichen Betrug, ein Volk, das nach der Art und Weise des goldenen Zeitalters lebt . . . Ohne Zweifel: ein freundlicheres und liebenswürdigeres Volk ist auf der Welt nicht zu finden.« Auch von dem Land selbst hatte er nur Bestes zu berichten: »Die Erde bringt hier wie am ersten Tag der Schöpfung alles ohne irgendwelche Mühe oder körperliche Arbeit des Menschen in Überfülle hervor. Die Leute brauchen sich nur um einen Schutz gegen die Witterung während der aber nur kurz andauernden Winterzeit zu kümmern.«

Gegen Ende August glaubten die Expeditionsleiter genügend Informationen gesammelt zu haben und beschlossen, nach England zurückzukehren. Mitte September landeten die Schiffe wieder an der englischen Westküste. Außer verschiedenen Waren der Neuen Welt sowie zwei Indianern, Manteo und Winchese, die freiwillig die Fahrt nach England gemacht hatten, brachten die Männer vor allem die frohe Kunde von einem geradezu paradiesischen Land jenseits des Atlantiks mit, das seine überreichen Gaben freigebig spendete und in dem ein Volk edler und unverderbter Wilder lebte.

Erfolglose Versuche 1585-1587

Unglücklicher Beginn

W. Raleigh sorgte dafür, daß die günstigen Berichte der Expedition über die Neue Welt rasch veröffentlicht wurden, um so Investoren und Kolonisten für die geplante Koloniegründung anzulocken. Damit hatte er auch Erfolg. Sogar Königin Elisabeth I. beteiligte sich an dem Unternehmen, indem sie eines ihrer Schiffe, die 160 Tonnen große Galeasse ›Tiger‹, sowie Pulver aus den Magazinen des Tower zur Verfügung stellte. So konnte eine Flotte von sieben Schiffen unter Leitung von Sir Richard Grenville auf dem Flaggschiff ›Tiger‹ am 9. 4. 1585 Plymouth verlassen. An Bord der Schiffe befanden sich außer dem zukünftigen Gouverneur der Kolonie, dem erfahrenen Offizier Ralph Lane, insgesamt rd. 600 Personen, wovon etwa die Hälfte Soldaten waren. Zu den Passagieren zählte auch der Indianer Manteo, der als Führer und Dolmetscher in dem zu Ehren der jungfräulichen Königin Elisabeth I. ›Virginia‹ genannten Land dienen sollte. Auf persönliche Anweisung W. Raleighs begleiteten außerdem der Mathematiker und Astronom Thomas Harriot sowie der Landvermesser und Maler John White den Verband. Während Th. Harriot den Auftrag hatte, genaue wissenschaftliche Beobachtung über das Land und seine Bewohner anzustellen, sollte J. White Karten anfertigen und Bilder von den Eingeborenen und ihren Gebräuchen zeichnen.

Bedingt durch stürmisches Wetter, wobei ein Schiff unterging, sowie den üblichen Zwischenaufenthalt in Westindien, kam die Flotte erst Ende Juni/Anfang Juli an ihrem Bestimmungsort an. Doch bei der Durchfahrt durch den engen Durchlaß in den Carolina-Sandbänken geriet das Flaggschiff ›Tiger‹ auf Grund und wurde schwer beschädigt. Zwar gelang es schließlich, das Schiff wieder flott zu bekommen, doch waren die für den Unterhalt der Kolonie vorgesehenen Lebensmittel und auch das Saatgut durch eingedrungenes Meerwasser zum größten Teil verdorben worden. Das bedeutete aber, daß die Kolonisten hinsichtlich ihrer Ernährung in einem nicht unerheblichen Maße auf die Freigebigkeit der Indianer, letztlich aber auf baldigen Nachschub aus England angewiesen sein würden.

Zunächst aber galt es, einen geeigneten Platz für die Errichtung einer Ansiedlung zu finden. Nach längeren Verhandlungen mit dem schon aus dem Vorjahr bekannten Granganimeo erhielten die Engländer einen Platz an der Nordspitze der Insel Roanoke, in der Nähe eines Indianerdorfes, zugestanden. Daraufhin wurden die Schiffe ausgeladen und man begann mit der Anlage eines kleinen, aus Erdwällen errichteten Forts sowie mit dem Bau einiger Hütten. Am 25. 8. 1585 verließ das Flaggschiff ›Tiger‹ als letztes Schiff der Flotte die Küste der Neuen Welt. Es nahm das dringende Ersuchen der zurückgebliebenen 107 Kolonisten mit nach England, ihnen so rasch wie möglich ausreichend Nachschub zu schikken.

In der Zwischenzeit bemühte sich R. Lane aber, einen besseren Siedlungsplatz zu finden, wo es vor allem einen geeigneten Hafen gab. Zu diesem Zweck sowie auch aus der Absicht heraus, die immer stärker dahinschwindenden Lebensmittelvorräte zu schonen, sandte er wiederholt Erkundungstrupps aus, die sich möglichst von dem Land selbst ernähren oder sich Nahrungsmittel von den dort lebenden Indianern besorgen sollten. Eine Gruppe stieß dabei nach Norden vor und kam bis an die Chesapeake Bay, wo die Männer von den Indianern freundlich aufgenommen wurden und auch den Winter über blieben.

Aufgrund der von ihnen zurückgesandten, äußerst vielversprechenden Berichte über die Fruchtbarkeit des Bodens, den großen Bestand an Edelhölzern und das sehr angenehme Klima in der Gegend an der Chesapeake Bay faßte Lane offensichtlich den Entschluß, nach dem Eintreffen des bis spätestens im April 1586 erwarteten Nachschubs die Kolonie dorthin zu verlegen. Aber erst einmal mußte die Kolonie den Winter überstehen und hierin war sie von den Indianern abhängig. Doch da die Indianer selbst lediglich eine gerade ihren eigenen Bedarf deckende Vorratswirtschaft betrieben, bedeuteten die ständig steigenden Forderungen der Engländer für die Eingeborenen eine schwere und schließlich auch ihre eigene Existenz bedrohende Last. Hinzu kam, daß R. Lane und seine Männer nichts dabei fanden, gegebenenfalls die Indianer mit Waffengewalt zur Herausgabe von Lebensmitteln zu zwingen. Die Folge war, daß sich die Beziehungen zwischen den Weißen und den Indianern immer mehr verschlechterten und es schließlich zum offenen Kampf kam. Allerdings vermochten die nackten Indianer mit ihren schwachen Pfeilen und Bögen wenig gegen die mit Feuerwaffen und Eisenpanzern ausgerüsteten Engländer auszurichten.

Rückkehr nach England

Anfang April 1586 wurde dann aber die Situation der Kolonisten ausgesprochen kritisch, als die Indianer auf der Roanoke-Insel nunmehr beschlossen, den Siedlern keine Lebensmittel mehr zu liefern und sich mitsamt ihren Vorräten auf das Festland zurückzogen. Dort waren sie aber für die Weißen unerreichbar. Zwar standen den Engländern jetzt die noch von den Indianern eingesäten Maisfelder zur Verfügung; aber die Pflanzen waren noch grün und mit der Ernte konnte frühestens Anfang Juli gerechnet werden. Diese bevorstehenden zwei Monate von April bis Juli, so schrieb R. Lane später, »erfüllten uns mit Angst. Denn sollten uns die Wilden ... nicht helfen und unsere Fischreusen nichts liefern (was sie oft taten), so würden wir trotz des reifenden Korns verhungern.« Doch von den Indianern war jetzt nichts mehr außer erbitterter Feindschaft zu erwarten, und so oft die verzweifelten und vom ständigen Hunger geschwächten Männer auch den Horizont absuchten, es ließ sich kein Versorgungsschiff entdecken.

Aber dann kam buchstäblich in letzter Minute doch noch Rettung. Am 10. 6. 1586 erschien Sir Francis Drake, der einen Raubzug gegen die spanischen Besitzungen in Amerika durchgeführt hatte, mit seiner Flotte von 23 Schiffen vor der Küste Virginias. Die Ankunft von Francis Drake war keineswegs zufällig. Vielmehr war er absichtlich die Küste Floridas hinaufgesegelt, um die Kolonie zu inspizieren, von der man in England allgemein annahm, daß sie auch als Ausgangsbasis für Kaperfahrten gegen die spanische Schiffahrt in den amerikanischen Gewässern dienen konnte. F. Drake war daher auch sofort bereit, den Kolonisten mit Vorräten, insbesondere Lebensmitteln, auszuhelfen. Außerdem wollte er ihnen ein kleineres Schiff überlassen, mit dem die weitere Erkundung entlang der seichten Küste und die Suche nach einem wirklich geeigneten Platz für eine Ansiedlung besser durchgeführt werden konnte. Doch gerade in dem Augenblick, als sich das Schicksal der Kolonie zum Besseren zu wenden schien, brach einer der für diese Region typischen schweren Stürme los. Um nicht auf die Sandbänke geworfen zu werden, kappten die Seeleute in aller Eile die Ankertaue und fuhren auf See hinaus. Drei Tage tobte der Sturm. Als sich die Flotte schließlich wieder sammelte, stellte sich heraus, daß drei Schiffe verloren- bzw. untergegangen waren, darunter aber auch die von F. Drake den Kolonisten überlassene und mit den Nahrungsvorräten beladene Barke. Zwar bot F. Drake an, der Kolonie mit den noch vorhandenen Vorräten auszuhelfen; gegebenenfalls war er aber auch bereit, die Siedler mit nach England zurückzunehmen. Offensichtlich hatte jedoch das neuerliche Unglück nach all den vorhergegangenen Leiden den Mut der Kolonisten endgültig gebrochen. Auch R. Lane sah in dem Alternativangebot von F. Drake »die Hand Gottes, die ausgestreckt wurde, um uns von dort wegzuziehen«. Die Kolonisten beschlossen einmütig die Rückkehr nach England.

Doch kurz nachdem R. Lane mit seinen Kolonisten die amerikanische Küste verlassen hatte, kam endlich das so lange erwartete Versorgungsschiff an. Da man die Kolonisten nirgends entdeckte, beschloß der Kapitän, wieder nach England zurückzusegeln. Nur etwa 14 Tage später traf auch Sir R. Grenville mit drei Schiffen voller Vorräte vor der Küste Virginias ein. Zu seinem Erstaunen fand er jedoch die Siedlung verlassen vor. Um aber den englischen Rechtsanspruch auf das Land zu wahren, ließ er dort eine kleine Gruppe seiner Leute zurück, von denen die Stellung gehalten werden sollte, und fuhr dann ebenfalls nach England zurück.

Zweite Koloniegründung

Doch auch dieser unerwartete Ausgang der ersten, allerdings noch Testcharakter tragenden Koloniegründung in Virginia vermochte W. Raleigh nicht von seinem Vorhaben abzubringen, in einem nunmehr zweiten Schritt eine wirkliche und dauerhafte Kolonie in diesem Gebiet der Neuen Welt anzulegen. Zu diesem Zweck wurde jetzt den Kolonisten eigenes Land – entsprechend ihrem Kapitaleinsatz – zugeteilt und außerdem erstmals auch Familien mitgenommen. Allerdings sollte die Kolonie nicht mehr an der alten Stelle auf der Insel Roanoke angelegt werden, sondern entsprechend dem Rat von R. Lane weiter nördlich in der Nähe der Chesapeake Bay. Als neuer Gouverneur wurde jetzt John White bestimmt, der ja schon über einschlägige Virginia-Erfahrungen verfügte. Am 8. 5. 1587 segelte die Flotte von drei Schiffen mit insgesamt 150 Kolonisten an Bord von Plymouth ab. Die seemännische Leitung dieses Unternehmens war wieder dem erfahrenen Simon Fernandez anvertraut worden. Doch stellte sich bald heraus, daß J. White seiner Aufgabe nicht gewachsen und eine hierfür viel zu schwache Persönlichkeit war. So sollte J. White nach den ihm von W. Raleigh mitgegebenen Instruktionen die von R. Grenville auf der Roanoke-Insel zurückgelassenen Männer aufnehmen und dann unverzüglich zur Chesapeake Bay zu einem neuen Siedlungsplatz weitersegeln. Doch als die Schiffe am 22. 7. 1587 vor Roanoke ankamen, zwang S. Fernandez den Gouverneur, sich hier mit seinen Kolonisten auszuschiffen. Der Sommer war nämlich schon weit fortgeschritten und S. Fernandez, dem vor allem an einem Raubzug gegen die spanische Silberflotte gelegen war, fürchtete, hierfür vielleicht zu spät zu kommen.

J. White war nicht der Mann, sich durchzusetzen, obwohl er die Ungeeignetheit des Platzes auf der Roanoke-Insel für die Anlage einer Kolonie nur allzu gut kannte. Stattdessen fügte er sich und ging mit den Siedlern an Land. Als die Kolonisten zu dem alten Siedlungsplatz kamen, fanden sie ihn aber völlig verlassen vor. Später erfuhren sie von den Angehörigen des immer noch den Weißen gegenüber freundlich gesinnten Stammes der Croatan-Indianer, dem auch Manteo angehörte, daß sehr bald nach der Abfahrt von R. Grenville eine zahlenmäßig weit überlegene indianische Streitmacht, die vom Festland auf die Insel gekommen war, die von R. Grenville zurückgelassenen Männer überfallen hatte. Einige der Engländer wurden erschlagen, der größere Teil konnte jedoch in einem Boot flüchten und sich auf eine Sandbank vor der Küste retten. Hier blieben die Engländer einige Tage; dann waren sie plötzlich verschwunden. Wohin sie gegangen waren oder was aus ihnen geworden war, wußten die indianischen Gewährsleute nicht zu berichten.

Nur eine Woche nach ihrer Landung auf Roanoke erfuhren die Kolonisten am eigenen Leib, daß sich an der Feindschaft der Indianer in dieser Gegend nichts geändert hatte. Als man nämlich George Howe, einen der Kolonisten, der zum Krebsfang an den Strand gegangen war, tot auffand, steckten insgesamt 16 Pfeile in seinem Körper. Außerdem hatten ihm die Indianer mit ihren Kriegskeulen noch den Schädel zertrümmert. Trotzdem blieb den Kolonisten angesichts der unnachgiebigen Haltung von S. Fernandez und seiner Mannschaft nichts anderes übrig, als sich so gut es ging auf Roanoke häuslich einzurichten.

Am 18. 8. 1587 brachte die Tochter von J. White, Eleonore Dare, die mit ihrem Mann ebenfalls zu den Kolonisten zählte, eine Tochter zur Welt. Das Mädchen war, wie J. White in seinem Tagebuch stolz vermerkt, das erste in Virginia geborene Christenkind und wurde daher auf den Namen »Virginia« getauft.

Doch war allen klar, daß ein Überleben der Kolonie in dieser feindlichen Umwelt, ungeachtet der Absicht, möglichst bald an einen günstigen Ort weiterzuziehen, nicht ohne baldigen und gehörigen Nachschub aus England möglich sein würde. Als sich die Flotte zur Abfahrt bereit machte, bedrängten daher die Kolonisten J. White, doch mit nach England zurückzufahren und dort die Sendung von Nachschub zu veranlassen. Vermutlich glaubten die Siedler, daß J. White aufgrung der Tatsache, daß seine eigene Tochter und sein Schwiegersohn wie auch sein Enkelkind in der Neuen Welt zurückblieben, schon aus eigenem Interesse alles tun würde, damit die Kolonisten so schnell wie möglich Hilfe erhielten. Wieder gab J. White nach und überließ die ihm anvertrauten Kolonisten, darunter 17 Frauen und 10 Kinder (zu denen aber noch der Säugling Virginia sowie ein etwas später geborenes, weiteres Kind hinzugezählt werden müssen), in der Wildnis Nordamerikas ihrem Schicksal.

Verlorene Kolonie

Doch erst drei Jahre später sollte J. White zurückkehren. Zwar begann W. Raleigh sofort mit der Ausrüstung einer Nachschubflotte und auch J. White – das muß zu seiner Ehrenrettung gesagt werden – tat alles, was er nur tun konnte, um den Kolonisten zu helfen. Allerdings verhinderten der mit dem Auftauchen der spanischen Armada vor der englischen Südküste im Frühjahr 1588 einsetzende Kampf Englands mit Spanien sowie verschiedene andere widrige Umstände das Auslaufen einer Nachschubflotte bis zum April 1590. Mitte August dieses Jahres erreichte J. White schließlich mit zwei Schiffen, die den Kolonisten die so dringend benötigten Güter bringen sollten, die Küste Virginias. Am Abend des 15. 8. 1590 ging man drei Meilen vor der Roanoke-Insel vor Anker. Da von der Insel Rauch aufstieg, schloß J. White, daß sich die Kolonisten immer noch an dem alten Platz befanden. Doch als er mit einigen Männern – bedingt durch schlechtes Wetter allerdings erst zwei Tage später – auf Roanoke landete, stellte sich heraus, daß der Rauch von schwelender Vegetation stammte, die sich entweder durch die Hitze und Sonneneinstrahlung selbst entzündet hatte, oder von den Indianern angesteckt worden war. Auf ihrem Weg zu dem Siedlungsplatz an der Nordspitze der Insel entdeckten die Männer dann im Sand mehrmals die frischen Abdrücke nackter Indianerfüße. Doch von den Siedlern war nirgends etwas zu sehen. Auf die erste Spur von den Kolonisten stieß die Suchmannschaft, als sie an dem Stamm eines einzeln stehenden Baumes die deutlich in die Rinde eingeritzten römischen Buchstaben CRO fand. J. White deutete diese Buchstaben als Abkürzung für CROATAN, und folgerte daraus, daß die Kolonisten vielleicht in das Gebiet dieses den Weißen gegenüber seinerzeit freundlich gebliebenen Indianerstammes gezogen waren. Vor seiner Abfahrt hatte J. White nämlich mit den Kolonisten vereinbart, daß sie bei ihrem Fortgang unbedingt den neuen Aufenthaltsort als Nachricht für ihn in Bäume oder Türpfosten gut sichtbar einritzen sollten. Als J. White und seine Begleiter schließlich den alten Siedlungsplatz ereichten, fanden sie ihn auch tatsächlich völlig verlassen vor. Allerdings hatten die Kolonisten vor ihrem Fortzug noch ein mit einem hohen Palisadenzaun aus großen Baumstämmen geschütztes Fort errichtet. An einem der mächtigen Pfosten des Eingangstores entdeckte man dann in etwa $1\frac{1}{2}$ Meter Höhe das vollständige Wort CROATAN eingeschnitten. Da hier ebenfalls nicht das von J. White vor seiner Abfahrt mit den Kolonisten als Zeichen für Bedrängnis vereinbarte Kreuz hinzugefügt worden war, mußten die Kolonisten den Platz aus freien Stücken verlassen haben. Im Inneren des Forts fanden sich zahlreiche auf dem Boden verstreute Gegenstände, unter anderem zwei Gießkellen für Bleikugeln, eine Reihe von Eisengeschossen, vier kleinere

Schiffskanonen – also alles Dinge, die von den Kolonisten anscheinend aufgrund ihres großen Gewichtes zurückgelassen worden waren. Doch mußte der Fortgang schon vor geraumer Zeit erfolgt sein, denn die Gegenstände wie auch die Reste der offensichtlich absichtlich niedergelegten Hütten waren von Gras und Unkraut schon fast vollständig überwuchert. Nachdem sich J. White davon überzeugt hatte, daß auch die seinerzeit den Kolonisten belassenen Boote verschwunden waren, bestand für ihn kein Zweifel mehr, daß die Siedler in das Gebiet der Croatan-Indianer im Süden gezogen waren. Man beschloß daher, unverzüglich dorthin weiterzusegeln. Doch in der Nacht brach plötzlich ein schwerer Sturm los. In der daraufhin einsetzenden Panik verlor eines der Schiffe drei von seinen vier Ankern. Da sich an den folgenden Tagen das Wetter nicht besserte, wurde beschlossen, die Suche nach den Kolonisten vorläufig aufzugeben. Ein kurz darauf losbrechender gewaltiger West-Nordweststurm ließ dann aber praktisch keine andere Wahl, als Kurs auf England zu nehmen. Dort kamen beide Schiffe schließlich auch wohlbehalten an.

Das war zugleich aber das endgültige Ende von W. Raleighs Virginia-Kolonie. Eine weitere Virginia-Expedition ist von ihm nicht mehr ausgerüstet worden. Erst 1607 wurde von der neuen Londoner Virginia Company mit Jamestown unweit der Chesepeake Bay die erste dauerhafte englische Siedlung in Nordamerika gegründet.

Was mit den seinerzeit von J. White zurückgelassenen Kolonisten geschehen ist, ob sie tatsächlich bei den Croatan-Indianern oder einem anderen Indianerstamm Aufnahme fanden und schließlich in diesem Stamm aufgingen, oder ob sie sämtlich von feindlichen Indianern erschlagen wurden, oder was sonst mit ihnen passierte, konnte bis heute nicht geklärt werden. Denkbar ist, daß die Kolonie bald nach der Abfahrt von J. White Roanoke verließ, da sie sich hier auch eigentlich gar nicht ansiedeln sollte. Nach den ausdrücklichen Anweisungen von W. Raleigh an Gouverneur J. White war vielmehr ein Siedlungsplatz in der Nähe der Chesapeake Bay zu suchen. Möglicherweise ließen die Kolonisten bei ihrem Abzug aber einen kleinen Trupp auf der Insel Roanoke zurück, der den Auftrag hatte, hier die Rückkehr von J. White abzuwarten. Als J. White jedoch ausblieb, haben sich diese Leute vielleicht nach Süden zu den Croatan-Indianern begeben und dort mit Manteo und seinem Stamm gelebt. Das würde auch das Einritzen des Namens CROATAN in den Baumstamm und in den Torpfosten des Forts auf der Insel Roanoke erklären.

Doch das sind lediglich Theorien. Tatsächlich hat man nie eine Spur von den Roanoke-Siedlern gefunden. Dieses ungeklärte Schicksal der ersten englischen Siedler in Nordamerika ist inzwischen als die *Verlorene Kolonie* zu einem festen Bestandteil des amerikanischen Mythenschatzes geworden. Von dem nüchternen kolonialgeschichtlichen Gesichtspunkt aus betrachtet, bezeichnet W. Raleighs Verlorene Kolonie aber den eigentlichen Anfang der Geschichte des englischen Nordamerika, die vor nunmehr rund 400 Jahren auf der Insel Roanoke begann – und nicht etwa in Jamestown (1607) oder in Plymouth, dem Landungsplatz der Pilgerväter (1620). Die von W. Raleigh gegründete, wenngleich nur kurzlebige, Virginia-Kolonie war auch der erste Vorposten jenes britischen Überseeimperiums, das 300 Jahre später den gesamten Erdball umspannen sollte.

Europa erfährt von Virginia: Harriot, White und de Bry

Die ausgiebigen Informationen, die der Naturwissenschaftler Thomas Harriot und der Maler John White im Auftrag von Walter Raleigh aus der Neuen Welt zurückbringen sollten, waren von W. Raleigh und seinen Finanzleuten vor allem auch im Hinblick auf die weitere Kolonisierung in Amerika sehr erwünscht. Th. Harriot hatte daher seinerzeit von W. Raleigh die Anweisung erhalten, exakte wissenschaftliche Messungen und genaue Beobachtungen über das Klima, die geologischen Verhältnisse, Fauna und Flora in Virginia vorzunehmen. Nicht zuletzt sollte er aber auch das Leben der Eingeborenen ausführlich studieren und über alles genaue schriftliche Aufzeichnungen anfertigen. J. White war die Aufgabe zugeteilt worden, Karten zu zeichnen und naturgetreue Bilder von dem Land und seinen Ureinwohnern zu erstellen.

Beide Männer haben sich mit Eifer und großem fachlichen Können an die Erfüllung ihrer jeweiligen Pflichten gemacht. Allerdings ist ein erheblicher, wenn nicht gar der größte Teil von Th. Harriots wissenschaftlichen Aufzeichnungen wie auch von J. Whites (Aquarell-)Bildern bei der durch die Ankunft von F. Drakes Flotte ermöglichten vorzeitigen Rückkehr der Kolonisten nach England verlorengegangen. Wie R. Lane in seinem Bericht schreibt, herrschte an dem Abfahrtstag (18. 7. 1586) sehr stürmisches Wetter. Die Pinasse, die F. Drake zur Roanoke Insel geschickt hatte, um die dort noch zurückgebliebenen Kolonisten mit ihrem Gepäck abzuholen und an Bord der Schiffe zu bringen, geriet bei ihrer Rückkehr in dem flachen Wasser immer wieder auf Sandbänke. Um das Boot zu erleichtern, warfen die Seeleute rücksichtslos so gut wie alles Gepäck der Passagiere über Bord, darunter auch, wie R. Lane ausdrücklich vermerkt, »Karten, Bücher und Schriften«. Hierbei kann es sich nur um J. Whites Karten und Zeichnungen sowie Th. Harriots wissenschaftliche Notizen gehandelt haben. Doch müssen beide Männer damals entweder noch eigenes Material gerettet oder aber bereits schon vorher Teile nach England geschickt haben, denn 1588 erschien in London, wohl auf Betreiben von W. Raleigh, Th. Harriots wissenschaftlicher Bericht über Virginia ›A briefe and true report of the new land of Virginia‹. Von J. White sind immerhin 75 heute im Britischen Museum in London aufbewahrte Originalzeichnungen erhalten, von denen allerdings nur 63 in Virginia angefertigt wurden.

Der besondere Wert von Th. Harriots sorgfältigem Bericht über Virginia einschließlich seiner Erläuterungen zu den 1590 von Theodor de Bry veröffentlichten und nach den Bildern von J. White angefertigten Kupferstichen sowie von J. Whites naturgetreuen Zeichnungen liegt einmal darin, daß hierdurch erstmals in Europa verläßliche wissenschaftliche Berichte und bildliche Informationen wenigstens über einen Teil Nordamerikas verfügbar wurden. Vor allem aber sind diese Nachrichten als historische Quelle bedeutsam im Hinblick auf das, was sie an Kunde über die Kultur der Indianer vermitteln, die einst die Küstenregion der heutigen US-Bundesstaaten North Carolina und (des südlichen Zipfels) von Virginia bewohnten. Soweit sonstige schriftliche Quellen und archäologische Zeugnisse heute verfügbar sind, bezeugen diese, daß Th. Harriot und J. White sehr genaue und sorgfältige Beobachter waren und ihre schriftlichen wie bildlichen Hinterlassenschaften als recht wirklichkeitsgetreue Wiedergabe der in Virginia vorgefundenen Verhältnisse und somit als eine durchaus wissenschaftliche völkerkundliche Arbeit gelten können. Erst im 19. Jahrhundert, und vor allem nach dem Aufkommen der Fotografie, wurden Indianerstämme wieder so wissenschaftlich sorgfältig beschrieben und naturgetreu abgebildet wie die Indianer des Südostens durch Th. Harriot und J. White.

Was die Arbeit von Th. Harriot und J. White aber zu einem so einzigartigen ethnologischen Dokument macht, ist die Tatsache, daß beide Männer die betreffenden – später als Carolina-Algonkins bezeichneten – Indianerstämme zu einem Zeitpunkt beobachten und beschreiben konnten, als deren Kultur von europäischen Einflüssen noch unberührt war. Nur zwei bis drei Generationen später hatte sich die

Kultur wie auch die geographische Verteilung dieser Indianer infolge des ständigen Vordringens der Weißen bereits wesentlich verändert. Th. Harriots Schilderungen und J. Whites Bilder vermitteln somit einen hervorragenden – wenn auch begrenzten – Einblick in die ursprüngliche materielle und geistige Kultur der Indianer, mit denen sie in Berührung kamen: in ihre Lebensweise, Ernährung, landwirtschaftliche Tätigkeit, Kleidung, Wohnverhältnisse, Gebräuche und Religion. Diese Nachrichten sind bis heute die wichtigste und vielfach sogar die einzige Quelle für die ethnologische Erforschung der betreffenden Indianerstämme.

Wirklich bekannt wurden Th. Harriots und J. Whites Arbeiten in Europa jedoch erst durch den 1590 in Frankfurt am Main von Theodor de Bry gleichzeitig in vier Sprachen (Latein, Französisch, Englisch und Deutsch) herausgebrachten Druck von Th. Harriots Virginia-Bericht. Theodor de Bry, der aus Lüttich stammte, war ursprünglich Goldschmied gewesen. Um 1570, als der Herzog von Alba und sein berüchtigter Blutrat die rücksichtslose Politik Philipps II. gegen die Protestanten in den Niederlanden durchsetzten, floh Th. de Bry aus seiner Heimatstadt zunächst nach Straßburg und schließlich nach Frankfurt am Main. In Frankfurt ließ er sich als Goldschmied nieder und übte später, vielleicht um sein Einkommen aufzubessern, auch den Beruf eines Kupferstechers aus. Tatsächlich war es im 16. Jahrhundert und auch noch einige Zeit danach nicht ungewöhnlich für einen Goldschmied, zugleich auch als Kupferstecher zu arbeiten.

Von Th. Harriots Virginia-Bericht und von J. Whites Zeichnungen hat Th. de Bry sehr wahrscheinlich anläßlich seines Aufenthaltes in England 1587/88 erfahren. Er war damals nach England geholt worden, um die von Laut gezeichneten Bilder von dem Leichenzug des im Februar 1587 verstorbenen Sir Philipp Sidney in Kupfer zu stechen. Th. de Bry beabsichtigte zunächst aber, den Bericht von Jacques Le Moyne über die schließlich von den Spaniern vernichtete französische Hugenotten-Kolonie in Florida 1564-1565 zu veröffentlichen und mit Kupferstichen nach den Zeichnungen J. Le Moynes, der an diesem französischen Kolonieunternehmen teilgenommen hatte, auszustatten. Offensichtlich hat aber Richard Hakluyt d. J. Th. de Bry überredet, zuerst Th. Harriots Bericht und dazu J. Whites Bilder als Illustrationen zu veröffentlichen. Vermutlich ließ auch W. Raleigh hier seine Beziehungen spielen. W. Raleigh suchte damals nämlich dringend neue Geldgeber und Siedler für ein weiteres Kolonieprojekt in Virginia. Dafür kam ihm eine Werbung für Virginia sehr gelegen, nicht zuletzt angesichts des kläglichen Ausganges seines jüngsten Kolonisierungsversuches sowie der von einigen enttäuschten Rückkehrern verbreiteten ungünstigen Berichte über Amerika. Spätestens bei seinem zweiten Besuch in England 1588 erwarb dann Th. de Bry außer J. Le Moynes Zeichnungen auch die Virginia-Bilder von J. White.

Für die von Th. de Bry besorgte Ausgabe des Virginia-Berichts von Th. Harriot sind dann als Illustrationen 23 von J. Whites Bildern, zu denen Th. Harriot noch zusätzliche Erläuterungstexte lieferte, in Kupfer gestochen und damit erstmals einer breiten Öffentlichkeit bekannt gemacht worden. Mit Ausnahme von zwei Karten handelt es sich bei diesen Bildern um die Darstellung der Indianer und ihrer Kultur.

Th. de Bry hat dieses Werk aber nicht nur herausgebracht, sondern auch den Großteil der darin enthaltenen Kupferstiche angefertigt. Wie jedoch ein Vergleich der heute im Britischen Museum in London liegenden Originalzeichnungen J. Whites mit Th. de Brys Kupferstichen zeigt, muß J. White entweder für Th. de Bry besondere, mit zusätzlichen Hintergrundszenen und weiteren Details (zumeist handelt es sich hierbei um Rückenansichten der Hauptfiguren) ergänzte Versionen angefertigt oder Th. de Bry derartige Ergänzungen gesondert geliefert haben. Gerade diese in den erhaltenen

Bildern von J. White fehlenden Informationen machen Th. de Brys Kupferstiche zu einer noch wertvolleren Quelle für die Kenntnis der Kultur der südöstlichen Algonkin-Indianer als J. Whites noch vorhandene Zeichnungen selbst. Außerdem enthält Th. de Brys Werk vier Kupferstiche, nämlich eine Ausschnitt-Karte mit der Darstellung der Insel Roanoke und der umliegenden Region, die Darstellung des Bootsbaues der Indianer, das Bild des Götzen Kiwasa und die Tätowierungszeichen der indianischen Häuptlinge, für die sich überhaupt keine Originale unter J. Whites Zeichungen finden.

Th. de Bry, der die meisten der Virginia-Kupferstiche erstellte, und Gysbert van Veen, der drei der Bilder signierte, haben sich aber ganz offensichtlich auch bemüht, die ihnen zur Verfügung gestellten Zeichnungen J. Whites so getreu wie möglich wiederzugeben – wobei man allerdings, wie bereits oben erwähnt, berücksichtigen muß, daß ihnen möglicherweise andere als die heute noch vorhandenen Originale der Bilder J. Whites als Vorlage dienten. Die Kupferstiche in Th. de Brys Werk stimmen, soweit sich das nachprüfen läßt, in allen wesentlichen Teilen mit den vorhandenen Originalzeichnungen von J. White überein. Die einzige Ausnahme bildet lediglich die Darstellung der Sitzweise des essenden indianischen Ehepaares. J. White hat in seinem Bild sachlich völlig richtig den Indianer und die Indianerin in ihrer typischen, hockenden Haltung gezeichnet. Aber Th. de Bry erschien diese Körperhaltung, die offenbar außerhalb seines Erfahrungs- und Vorstellungshorizontes lag, so unwahrscheinlich, daß er sie abänderte und den Mann und die Frau auf dem Boden sitzend mit nach europäischer Art ausgestreckten Beinen abbildete. Was sich ansonsten in den Kupferstichen an Abänderungen findet, ist gering und unwesentlich.

Theodor de Bry wie auch Gysbert van Veen waren zudem ganz hervorragende Kupferstecher. Ihre Fähigkeit, menschliche Gestalten zu zeichnen, übertraf die von J. White sogar erheblich. Andererseits war ihr künstlerisch-technisches Können aber auch zeitgebunden. Das hatte zur Folge, daß Th. de Bry und G. van Veen in ihren Kupferstichen die Indianer, trotz der ethnologisch weitgehend korrekten und oft bis in kleine Einzelheiten zuverlässigen Wiedergabe, doch häufig europäisierten und idealisierten. So tragen die in Kupfer gestochenen indianischen Frauen hier vielfach Gesichtszüge, die mehr den – damaligen – europäischen Vorstellungen vom Ideal weiblicher Schönheit als der indianischen Wirklichkeit entsprechen, während die abgebildeten männlichen Indianer häufig die Gestalt und Haltung von Göttern und Heroen aufweisen, wie sie die Antike und die Renaissance darstellten. Ganz offensichtlich hat die Vorstellung von Amerika als dem Land, wo das Goldene Zeitalter noch Wirklichkeit war, auch die Arbeit des Künstlers bestimmt. Nicht zufällig ist daher von Th. de Bry vor die eigentlichen Virginia-Illustrationen noch ein gesondertes Paradiesbild gesetzt worden.

Die lateinische Ausgabe des von Th. de Bry 1590 herausgebrachten Virginia-Berichts war offensichtlich die erfolgreichste und am weitesten verbreitete; bis weit in das 17. Jahrhundert hinein wurde sie immer wieder aufgelegt. Auch der deutsche Band scheint großes Interesse gefunden zu haben, so daß bereits zehn Jahre nach der Erstveröffentlichung eine zweite und 1620 eine dritte Ausgabe herauskam. Erst Th. de Brys schmaler Folioband hat somit die Kunde von der Roanoke-Kolonie und von dem als Virginia bezeichneten Gebiet der Neuen Welt in Nordamerika in die Häuser und Bibliotheken in ganz Europa gebracht und Th. Harriots Virginia-Bericht zugleich zu einem der bekanntesten Reisewerke seiner Zeit im gesamten westlichen Europa gemacht.

Dieser 1590 veröffentlichte und mit Kupferstichen illustrierte Virginia-Bericht bildete den ersten Band der schließlich 14 Teile umfassenden Amerika-Reihe von Th. de Brys monumentalem Werk der ›Großen Reisen‹. Der zweite, 1591 herausgebrachte Band, war übrigens der ebenfalls von Th. de Bry mit Kupferstichen illustrierte Florida-Bericht von J. Le Moyne.

Vor allem die in dem Virginia-Band, der seinerzeit ja gleichzeitig in vier Sprachen herauskam und somit im Vergleich zu den späteren Amerika-Bänden von Th. de Brys Werk auch die weiteste Verbreitung gehabt haben dürfte, veröffentlichten Kupferstiche haben wie kein anderes Bildwerk die Vorstellung der Europäer von den Indianern in Amerika geformt und nachhaltig bestimmt. Indem diese Illustrationen ein Bild des ebenso einfachen wie natürlichen Lebens der in klassischer Schönheit dargestellten amerikanischen Ureinwohner zeichneten, trugen sie entscheidend zur Entwicklung der christlichen und humanistisch-literarischen Vorstellung von dem Indianer als dem edlen Wilden bei und bestätigten die Europäer in ihrem aus der Antike überlieferten Traum von dem in Amerika noch wirklich existierenden Goldenen Zeitalter. Diese Auffassung wurde bei dem Leser bzw. Betrachter von Th. de Brys Virginia-Ausgabe durch das den eigentlichen Virginia-Bildern vorangestellte Paradies-Bild bewußt noch bestärkt.

Die in Th. de Brys Druck des Virginia-Berichts – er erlebte allein bis 1620 mindestens 17 Auflagen – veröffentlichten und technisch hervorragend ausgeführten Kupferstiche sind drei Jahrhunderte lang die Hauptquelle für die bildliche Wiedergabe der nordamerikanischen Ureinwohner geblieben. Sie wurden immer wieder abgedruckt, nachgeahmt und vielfältig abgewandelt. Bis weit in das 19. Jahrhundert hinein benutzte man sie auch zur Illustration von Berichten über neu erforschte nordamerikanische Indianerstämme, die in Wirklichkeit aber ganz anders geartet waren als die von Th. Harriot geschilderten und von Th. de Bry nach J. Whites Bildern in Kupfer gestochenen Algonkin-Indianer des Südostens der USA. Auch heute noch erscheint kaum ein Werk, das sich mit der Geschichte Amerikas in der frühen Neuzeit beschäftigt, in dem nicht mindestens einer von Th. de Brys Kupferstichen abgebildet wird.

Insofern ist der von Th. de Bry besorgte und illustrierte Druck des Virginia-Berichtes nicht nur eine unschätzbare Quelle für die wissenschaftliche Erforschung der indianischen Kultur in dem heutigen North Carolina und in einem Teil von Virginia, sondern zugleich auch ein im ursprünglichen Wortsinn eindrucksvolles Dokument der europäischen Kultur- und Geistesgeschichte, zu der auch der Traum Amerika gehört.

LITERATURHINWEISE

America de Bry 1590-1634. Amerika oder die neue Welt. Die »Entdeckung« eines Kontinents in 346 Kupferstichen. Bearbeitet und herausgegeben von Gereon Sievernich. Berlin-New York 1990.

Friedemann Berger (Hrsg.): De Bry – Amerika oder die Neue Welt. Erster Teil. Leipzig-Weimar 1977.

Urs Bitterli (Hrsg.): Die Entdeckung der Welt. Dokumente und Berichte. Erster Band: Amerika, Afrika. München 1980.

Die Neue Welt in den Schätzen einer alten europäischen Bibliothek. Ausstellung der Herzog August Bibliothek Wolfenbüttel. 1976 (Ausstellungskataloge der Herzog August Bibliothek Nr. 17).

Frauke Gewecke: Wie die neue Welt in die alte kam. Stuttgart 1986.

Hugh Honour: The New Golden Land. European Images of America from the Discoveries to the Present Times. London 1976.

Paul Hulton: America 1585. The Complete Dralings of John White. Chapel Hill, N.C., 1984.

Karen O. Kuppermann: Roanoke – The Abandoned Colony. New York 1984.

David B. Quinn: Set Fair for Roanoke. Voyages and Colonies, 1584-1606. Chapel Hill & London 1985.

David B. Quinn: The Lost Colonists. Their Fortune and Probable Fate. Raleigh, N.C., 1984.

David B. Quinn & Alison M. Quinn: The First Colonists. Documents on the Planting of the First English Settlements in North America 1584-1590. Raleigh, N.C., 1982.

Wolfgang Reinhard: Geschichte der europäischen Expansion. Band 2: Die Neue Welt. 1492-1867. Stuttgart 1985.

ERSTAUNLICHE, ABER WAHRHEITSGETREUE BESCHREIBUNG DER ART UND SITTEN DER WILDEN IN VIRGINIA

Erstaunliche, aber wahrheitsgetreue Beschreibung der Art und Sitten der Wilden in Virginia, die kürzlich von den Engländern entdeckt worden ist, die von Herrn Richard Grenville, einem Angehörigen der Ritterschaft, im Jahre 1585 zur Ansiedlung in besagte Landschaft geführt wurden.

Im Verlag von Herrn Walter Raleigh, Ritter und Oberster des Zinnbergwerkes, mit Erlaubnis der Durchlauchtigsten und Unüberwindlichsten Elisabeth, Königin von England u.s.w.

Zuerst in englischer Sprache von Thomas Harriot beschrieben und vor kurzem von Christ. P. ins Deutsche übersetzt.

Darf aufgrund eines Privilegs der Römischen Kaiserlichen Majestät vier Jahre lang nicht nachgedruckt werden.

Gedruckt in Frankfurt am Main bei Johann Wechsel; verlegt von Dietrich Bry.

Anno 1590.

Wird in Herrn Sigmund Feyerabends Laden verkauft.

Wunderbarliche / doch Warhafftige
Erklärung / Von der Gelegenheit
vnd Sitten der Wilden in Virginia / wel-
che newlich von den Engelländern / so im Jar 1585.
vom Herrn Reichard Greiuile / einem von der
Ritterschafft / in gemeldte Landschafft die zu be-
wohnen geführt waren / ist erfunden worden / In
verlegung H. Walter Raleigh / Ritter vnd Ober-
sten deß Zinbergwercks / auß vergünstigung der
Durchleuchtigsten vnnd Vnvberwind-
lichsten / Elisabeth / Königin in
Engelland etc.
Erstlich in Engelländischer Sprach beschrieben
durch Thomam Hariot / vnd newlich durch Christ.
P. in Teutsch gebracht.
Mit Römischer Keys. Maiest. Frey-
heit auff vier Jar nicht nach-
zudrucken.
Gedruckt zu Franckfort am Mäyn / bey Johann
Wechel / in verlegung Dieterich Bry.
Anno 1590.
Werden verkaufft in H. Sigmund Feyerabends Laden.

Dem durchlauchtigsten, hochgeborenen Fürsten und Herrn, Herrn Christian, Herzog von Sachsen, Landgraf von Thüringen, Markgraf von Meißen, Burggraf von Magdeburg, des Heiligen Römischen Reiches Erzmarschall und Kurfürst u.s.w., meinem gnädigsten Herrn.

Durchlauchtigster hochgeborener Kurfürst. Euer Kurfürstlichen Gnaden entbiete ich zunächst nach äußerstem Vermögen meine untertänigsten und pflichtwilligsten Dienste: Gnädigster Herr. Nachdem durch besondere Fügung Gottes vor wenigen Jahren in Folge eifrigen Suchens und gefährlicher Schiffahrt der Engländer in der Neuen Welt eine vortreffliche, große und sehr fruchtbare, nach Norden zu gelegene, Virginia genannte Landschaft entdeckt und unter die Herrschaft der Königin von England gebracht worden ist: In welcher Landschaft sich viele und verschiedene, allen alten und neuen Geschichtsschreibern unbekannte und nie gehörte, ja geradezu unglaubliche Dinge zeigen und verbergen: Haben die ersten Entdecker es für angeraten erachtet, daß die Fruchtbarkeit, gesunde Luft, gute Annehmlichkeit und anderes sorgfältig aber kurz beschrieben und an den Tag gebracht würde, da solches nicht nur nützlich und gut, sondern auch jedermann besonders gefällig und angenehm und anderen klugen Köpfen eine gute Anleitung sein würde: Hierauf haben auch unverdrossene Leute, die zu dem Zweck alles gründlich erforscht, erfahren und aufgezeichnet und zu Ende gebracht und solches sodann zu Papier gebracht haben, mich dazu veranlaßt, eine solche Darstellung nicht nur jedermann in unserem geliebten Vaterland Deutscher Nation zum Nutzen, Dienst und Gefallen als Druck herauszubringen: Sondern ich habe auch eingewilligt, diesen zum besseren Verständnis und Wissen mit einer besonderen Landkarte und anderen kunstvollen Figuren auszuschmücken, welche die Gebräuche, Kleidung, Leben, Sitten und das Treiben der Einwohner vor Augen stellen und nicht ohne beachtliche Unkosten und

Kosten in Kupfer gestochen wurden. Danach habe ich weder an Mühe, noch Fleiß und Unkosten gespart, bis dieses Werk vollendet und zu Ende gebracht worden war. Darauf empfand ich es, Gnädigster Kurfürst und Herr, als eine Notwendigkeit, diese Beschreibung einem vortrefflichen Patron zum Schutz und zur Zierde zu widmen, damit beides dieselbe höhere Würde erhalten und gegen die Nacheiferung[1] geschützt werden möge.

So habe ich Euer Hochgedachten und Kurfürstlichen Gnaden vor anderen Fürsten dieses aus vielen bewegenden Motiven widmen wollen. Da mir und auch sonst jedermann allgemein bewußt und bekannt ist, daß Euer Kurfürstliche Gnaden ein besonderer Liebhaber merkwürdiger, fremdartiger Dinge wie auch der Patron aller anderen Künste ist: Deshalb habe ich keinerlei Zweifel, derselbe werde sich diesen neuen, erstaunlichen aber wahrheitsgetreuen Bericht bei seinem hocherleuchteten Verstand dermaßen gnädigst gefallen lassen, daß dieser dementsprechend viel mehr von jedermann geachtet und geschätzt wird und bleibt, wodurch ich auch veranlaßt werde, andere bedeutende Werke, die ich in Arbeit habe, zu vollenden und Euer Kurfürstlichen Gnaden zu widmen.

Es gelangt daher an Euer höchstgedachte Kurfürstliche Gnaden mein untertänigstes und überinständigstes Bitten und Ersuchen zu geruhen, sich diese untertänigste Widmung und Erzählung schon wegen des anziehenden, neuen und zuvor jedermann unbekannten Gegenstandes, auch wegen meiner aufgewandten Mühe, gnädigst gefallen zu lassen, in Schutz zu nehmen und in Zukunft mein Gnädigster Kurfürst und Herr zu sein und zu bleiben.

Dem Allvermögenden, Euer Kurfürstlichen Gnaden, zu langer Gesundheit, friedlicher Regierung, zeitlichem und ewi-

[1] Nacheiferung – Gemeint sind die damals recht häufigen unberechtigten Nachdrucke.

gem Wohlergehen: Demselben empfehle ich mich aber hiermit zur untertänigsten Diensterweisung.

Gegeben zu Frankfurt am Main, am Tage Christiani, den 3. April im fünfzehnhundertneunzigsten Jahr.

Euer Kurfürstlichen Gnaden
untertänigster dienstbeflissener
Dietrich Bry, aus Lüttich, Bürger in Frankfurt

Allen und jeden, die diejenigen, die nach Virginia geschickt wurden, um da zu wohnen, wohlwollend gefördert und begünstigt haben, Glück und Heil.

Nach der ersten Schiffsreise, die von Herrn Walter Raleigh zur Erkundigung der Landschaft unternommen wurde, die vor kurzem entdeckt und Virginia genannt worden ist, sind viele weitere Schiffahrten auf Kosten des genannten Herrn unternommen und vollendet worden, so im Juli 1584. Danach im Jahr 1585, ebenso im Jahr 1586 und das nächste Mal dieses verflossene 1587. Jahr. Über diese Schiffahrten haben diejenigen, die von dort wieder zurückgekommen sind, vielerlei falsche Verleumdungen verbreitet, besonders diejenigen, die mit Herrn Richard Grenville im Jahre 1585 hingefahren waren. Diese Schiffahrt war die wichtigste von allen und steht noch in großem Ansehen, denn sie sind damals ein ganzes Jahr dort geblieben, aber bei der vorhergehenden Fahrt nur sechs Wochen. Zudem sind die nachfolgenden Schiffsreisen nur dazu ausgerüstet worden, Proviant und neue Bewohner hinzubringen und ist, anders als auf der vorigen, dabei nichts mehr erkundet worden. Diese Reden haben nicht geringen Schaden denjenigen gebracht, die sonst dieses Vorhaben mit Wohlwollen betrachtet und zum Ruhm und guten Wohl unserer Nation etwas darauf verwandt hätten, wobei ich von dem Nutzen und der Ehre für ihre Person schweige, die sie dadurch bekommen hätten: Wie ich hoffe, daß die Sache an den Tag kommt, wenn diejenigen, die das Gegenteil vorgegeben haben, mit Spott und in Schande dastehen werden, wohingegen ihr, die ihr an diesem Vorhaben Gefallen hattet und es zum Teil auch gefördert habt, auf ewig bei eurer Meinung bleibt und an Zahl euch vermehrt und zunehmt: Oder, sofern euch diese Reisen etwas zweifelnd gemacht haben, ihr eure alte gute Absicht uns gegenüber erneuern und noch verstärken mögt, den Nutzen und die Früchte zu bekommen, die dort gefunden worden sind und zum Teil noch gefunden werden. Denn wegen dieser verschiedenen Reden haben viele von euch keinen Entschluß bezüglich der Kostenaufwendung fassen können.

Da ich nun auch einer von denen bin, die zu den Wilden gesandt wurden, und alle Dinge fleißig erforscht habe und deshalb auch mehr habe erfahren können als das gemeine Volk: Habe ich es für dienlich erachtet, euch mitzuteilen, was ich durch meine Mühe und Arbeit erfahren habe, und das durch diesen Bericht insbesondere aus zwei Gründen zum Druck bringen:

Erstens, damit diejenigen, die von den Dingen und der Beschaffenheit der Landschaft keine gründliche Kunde haben, sehen können, daß der bedeutendste Urheber dieser Schiffahrt durch die Gnade Ihrer Königlichen Majestät genügend Grund hatte, ungeachtet dieser Nachreden nicht nur bei seinem Vorhaben zu verharren und in dem vorigen Jahr neue Einwohner hinzusenden, sondern auch willig und bereit zu sein, je nach Zeit und Mittel, sein Vorhaben jederzeit durchzuführen.

Zum zweiten, damit ihr, wenn ihr seht, daß dieses vorgenommene Werk voranschreitet, allgemein wißt, wie diese Landschaft beschaffen ist, und danach überlegt, was für einen großen Gewinn und Nutzen ihr aus eurer Tätigkeit (wenn ihr ansonsten darin genau fortfahrt) zu erwarten habt, entweder um die Landschaft mit Menschen zu besiedeln, oder der Sache auf andere Art Rat zu schaffen.

Endlich, da ihr an meiner Beschreibung wie auch an den anderen zweifeln mögt, da sie nicht übereinstimmen, will ich euch kurz den Grund dafür erklären, damit ihr in Zukunft darüber in Kenntnis der Wirklichkeit zu urteilen wißt: Einige von unserer Gesellschaft sind aufgrund ihres ungehörigen Lebenswandels und wegen ungehöriger Dinge, die sie in Virginia begangen haben, nach Billigkeit bestraft worden. Die haben danach als verlogene und nichtsnutzige Leute nicht nur üble Nachreden über ihre Vorgesetzten verbreitet, sondern haben, um sie noch mehr zu verleumden, auch die Landschaft geschmäht. Andere, die nichts wußten, haben sich nach ihrer Rückkehr doch nicht gescheut, sich und ihre Spießgesellen zu rühmen (da niemand da war, der sie hätte Lügen strafen können), daß sie mehr als die anderen gesehen hätten und auch weiter herumgekommen wären: Denn sie glaubten, es wäre eine Schande für sie, daß sie zwölf Monate in dieser Landschaft gewesen sein sollten und nicht alle Dinge zu berichten wüßten, wenngleich sie bisweilen auch schon die Wahrheit vergaßen, wie dann auch geschehen ist: Denn einige haben mehr erzählt, als sie gesehen haben; einige sind aber so unverschämt gewesen, daß sie auch alles, was ganz sicher war, geleugnet haben. Der Grund für dieses Unwissen ist, daß der größte Teil, so lange wir in dieser Landschaft waren, entweder nicht von der Insel, auf der wir lagen, heruntergekommen oder doch nicht weit davon weg und an wenige Orte gegangen ist. Einige haben sich auch viel mehr nach Silber und Gold (worauf Hoffnung bestand) umgesehen und sich um nichts anderes gekümmert, als wie sie ihren Bauch füllen könnten. Andere, die sich nur in den Städten aufgehalten haben, oder, um die Wahrheit zu sagen, nie über Land gereist sind, hielten diese Landschaft für armselig, weil sie dort weder Städte wie in England, noch so stattliche Gebäude, noch so reichliche und im Überfluß vorhandene Nahrung, noch so weiche Betten fanden, und redeten darüber, so wie sie es verstanden.

Da meine Absicht aber nur war, den Grund für diese widersprüchlichen Reden aufzuzeigen, die voller Neid, Ungerechtigkeit und Leichtfertigkeit waren, und deshalb einem Vernünftigen nicht in den Sinn kämen, will ich euch nicht länger damit aufhalten, sondern über den vielfältigen Nutzen und die Fruchtbarkeit der Landschaft schreiben, was die eigentliche Hauptursache von allem ist, wovon ich euch etwas berichten will. Ich will deshalb dieses Buch in drei Hauptkapitel aufteilen, damit ich umso deutlicher von der Fruchtbarkeit dieser Landschaft schreiben kann.

In dem ersten Teil will ich die Annehmlichkeiten beschreiben, die schon festgestellt worden sind oder noch festgestellt werden, die nicht nur euch, die ihr diese Landschaft bewohnt oder bewohnen sollt, zum Wohle gereichen werden, sondern auch denjenigen, die solche Dinge in großem Überfluß bekommen werden, daß sie es unsere Engländer wissen lassen, damit sie und alle, die mit ihnen handeln, großen Besitz und Reichtum bekommen: Schließlich werden sie jedermann, besonders den Leuten unserer Nation, Gutes lehren. Das nenne ich zur Unterscheidung die Handelsgüter.

In dem zweiten Teil will ich die Dinge klar machen, die zur Ernährung des Menschen gehören, die von den Einwohnern genutzt wurden, so lange wir uns dort aufgehalten haben.

In dem dritten Teil will ich von einer anderen Kategorie berichten, besonders von Dingen, die zum Bauhandwerk, Bauen und dergleichen gehören.

Nach all diesem wollen wir kurz der angeborenen Art und der Gebräuche der Wilden gedenken.

DER ERSTE TEIL

VON DER ART DER HANDELSGÜTER

Von der Seidenpflanze

In dieser Landschaft gibt es eine Pflanze, an deren Blättern herrliche Seide wächst[2], ähnlich einem dünnen, glitzernden Häutchen, das man nachher abzieht. Sie wächst zweieinhalb Schuh[3] oder mehr in die Höhe, hat fast zwei Schuh lange und einen halben breite Blätter. Eine gleichartige Pflanze wächst auch in Persien (das in derselben Region liegt), aus der man viele Seidenstoffe webt, die bis zu uns nach Europa gebracht werden. Es besteht kein Zweifel, wenn man diese Pflanze so eifrig anbaut, wie es in Persien geschieht, werden diejenigen, die sich damit befassen, im Laufe der Zeit großen Nutzen davon haben, zumal die Seidenware bei uns und anderswo sehr in Mode ist. Ich bin der Ansicht, daß sie viel rascher und höher wachsen würde, wenn sie auf einen fruchtbaren Boden gesetzt würde (abgesehen davon, daß sie an vielen Stellen von selbst wächst), denn das hat man schon in England ausprobiert, indem man aus dieser Pflanze ein ganzes Stück aus einem Zettel[4] gewebt hat und das Tuch als richtiges und gutes erachtet worden ist.

[2] Seide – Es handelt sich hier in Wirklichkeit aber sicherlich um die Yucca-Pflanze.

[3] Schuh – Altes Längenmaß, auch Fuß genannt. In Deutschland gab es allein über hundert verschiedene Fußmaße in Längen von 0.25 bis 0.34 m.

[4] Zettel – in der Weberei, das auf den Webstuhl gezogene Garn, in das der Einschlag dazwischen geschoben wird.

Von den Seidenraupen

Als wir durch die besagte Landschaft zogen, fanden wir große Seidenraupen[5] und dicke wie eine Walnuß, doch nicht in so großer Anzahl, wie uns gesagt worden war. Obwohl sie in dieser Landschaft ihre Nahrung finden, besteht kein Zweifel daran, daß, wenn man Maulbeer- und andere Bäume an den Stellen pflanzen würde, wo sich diese Raupe aufhalten kann, und diejenigen, die damit umzugehen wissen, sie sorgfältig pflegen: Es würden die Bewohner von Virginia im Laufe der Zeit ebenso großen Nutzen daraus haben wie die in Persien, der Türkei, Italien und Spanien.

Von Flachs und Hanf

Es geschieht selten, daß in dieser Landschaft Flachs und Hanf[6] an einem Ort wachsen, da sie dort nicht gesät werden. Deshalb hat man keinen Hanf, mit Ausnahme von dem, der von selbst wächst. Hinsichtlich der Stengel und der Blätter ist er von dem unsrigen verschieden, doch in der Materie ist er so gut wie der unsrige, wie die bezeugen, die sich auf diese Kunst verstehen. Und obwohl wir dies nicht durch praktisches Tun erfahren haben, läßt es sich jedoch zur Genüge aus der Landesnatur vermuten, nämlich daß es da nicht nur schönen und anmutigen Hanf, sondern auch große Mengen davon geben würde, wenn man ihn, wie es die Sache erfordert, säen sollte: Denn es gibt da Land genug, um ihn zu ziehen.

[5] Seidenraupen sind nicht in Nordamerika heimisch.

[6] Flachs und Hanf – Es läßt sich nicht feststellen, welche nordamerikanischen Pflanzen seinerzeit von den Engländern als Flachs und Hanf angesehen wurden.

Vom Alaun

An dem Ufer des Meeres zieht sich vierzig oder fünfzig Meilen weit eine Ader in der Erde hin. Aus diesem Stoff ist, wie einige meinen, die es in England ausprobiert haben, guter Alaun[7] von der Sorte gemacht worden, die steinroter Alaun – auf lateinisch *Alumen de roca* – genannt wird. Diese herrliche Art ist so gut bekannt, daß es meines Erachtens nicht nötig ist, mehr davon zu schreiben. Dieselbe Ader hat auch Vitriol, Bergsalz oder Salpeter; item Federalaun, doch davon nicht so viel wie von dem gewöhnlichen, der von hohem Wert und wegen seiner Eigenschaft nicht zu verachten ist.

Von einer Erde, Wapeyh genannt

Es wird in dieser Landschaft auch eine Art von Erde gefunden, welche die Wilden *Wapeyh* nennen, und ist derjenigen, die allgemein die Siegelerde oder *Terra sigillata*[8] genannt wird, sehr ähnlich. Denn wenn sie von dem Zusatz gereinigt wird, ist sie von unseren Chirurgen und Wundärzten von derselben

[7] Weder (Kali-)Alaun, noch Salz, noch irgendein anderes der hier erwähnten Mineralien ist in dem Boden des Küstengebietes von North Carolina vorhanden. Tatsächlich waren die damals als Fachleute für mineralogische Bodenschätze in Europa geltenden deutschen Bergleute dafür bekannt, daß sie fast jedes Mineral »fanden«, das ihre Auftraggeber suchten. Ein solcher deutscher Mineraloge ist offensichtlich auch der von Th. Harriot weiter unten erwähnte Bergmann gewesen, bei dem es sich mit ziemlicher Sicherheit um den als Mitglied der Virginia-Kolonie von 1585-1586 bezeugten Joachim Ganz (Doughan Gannes) handelt. – Alaun wurde als Beizstoff, zum Gerben von Leder und in der Medizin als blutstillendes Mittel verwandt.

[8] Terra sigillata – Lemnische Erde oder Siegelerde, ein wasserhaltiges Tonerdesilikat; es wurde außer zur Herstellung von irdenem Geschirr damals in Europa auch als Heilmittel verwandt.

Eigenschaft und Wirkung oder eher noch kräftiger befunden worden. Die Einwohner benutzten sie viel, um damit Geschwüre und Wunden zu heilen.

Man findet die genannte Erde an verschiedenen Stellen in großen Mengen, gelegentlich auch von blauer Farbe.

Von Pech, Teer, Harz und Terpentin

Es gibt auch viele von den Bäumen, aus denen das Pech und der Teer kommen, wie wir zuvor gesagt haben. Denn die Insel, auf der wir gewohnt haben, die fünfzehn Meilen in der Länge und sechs Meilen in der Breite umfaßt, ist gänzlich voll von solchen Bäumen.

Von einem Holz, Sassafras genannt

Sassafras[9], von den Einwohnern dieser Landschaft *Winauck* genannt, ist eine Holzart von sehr lieblichem Geruch und in der Medizin sehr nützlich, um damit Krankheiten zu vertreiben. Es ist aufgrund der Erfahrung besser als das Franzosen-

[9] Sassafras – Pflanzengattung der Familie der Lorbeergewächse (Laurazeen) – Das Holz der Wurzel und die Wurzelrinde des einzigen in der Atlantikregion Nordamerikas verbreiteten (wohlriechenden) Sassafrasbaumes (Sassafras officinale) enthalten viel ätherisches Öl und wurden damals in Europa zu medizinischen Zwecken, u. a. als Heilmittel gegen die Syphilis, verwandt. Als harntreibender Tee sowie als Blutreinigungs- und Fiebermittel ist Sassafras noch bis in die jüngste Zeit gebraucht worden. Der Baum wurde von den Franzosen während ihres Aufenthaltes in Florida 1562-1565 entdeckt und durch das 1571 und 1574 in spanischer und 1577 auch in englischer Sprache veröffentlichte Werk »Joyful Newes of the newe founde Worlde . . .« des Arztes und Botanikers Nicholas Monardes in Europa bekannt gemacht.

holz[10] befunden worden. Von seiner Gestalt, seinen Kräften und wie man es anwenden soll, hat Doktor Monardes in seinem Buch geschrieben, das betitelt ist ›Von einfachen Arzneimitteln, die aus Indien, das im Westen liegt[11], gebracht worden sind.‹

Vom Zedernbaum

Der Zedernbaum[12] ist ein wohlriechendes und für Schreinerarbeiten wie Truhen, Bettkästen, Tische, Rechenbänke[13], Lauten, Zithern, Virginale[14] sehr taugliches Holz, wie die Erfahrung beweist. Man kann es leicht auch zu vielen anderen Dingen verwenden.

Vom Wein

Es wachsen dort von selbst zwei Arten von Rebstöcken: Die eine trägt kleine und herbe, in der Größe unseren englischen gleiche Trauben; die andere aber viel größere und voll von süßem Saft. Wenn man diese Art entsprechend anpflanzt und bewirtschaftet, würde der Wein gut und reichlich geraten.

[10] Franzosenholz – Guajakbaum (Guaiacum = lignum vitae), eine tropisch-amerikanische Pflanzengattung der Familie der Zygophyllazeen mit vier Arten. Das Lignum Guaiaci galt wegen des darin enthaltenen Harzes früher als Heilmittel und wurde damals vor allem gegen die verbreitete Syphilis, gegen Exantheme, Rheumatismus und Gicht verwandt.

[11] Indien, das im Westen liegt – gemeint ist Westindien.

[12] Zedernbaum – Die amerikanische Zeder ist aber keine echte Zeder, sondern ein Wacholderbaum.

[13] Rechenbank – schmales Brett mit Linien zur Unterstützung der alten Rechenweise »auf Linien«; Rechentafel.

[14] Virginal – älterer, besonders in England üblicher Name für das Kielklavier (Spinett).

Vom Öl

Man findet auch zwei Arten von Nüssen, aus denen man, besonders aus der einen, Öl pressen kann. Es könnten die Bewohner großen Nutzen davon haben, wenn Mühlen oder andere Vorrichtungen da wären, denn die Gegend ist sehr ertragreich an solchen Nüssen. Es gibt auch drei Arten von unterschiedlichen Beeren; sie sehen wie Eicheln aus. Aus denen wird gutes Öl gemacht, was die Bewohner selbst ausprobiert haben.

Die Bären dieser Landschaft sind sehr fett und es gibt von ihnen in verschiedenen Gegenden eine große Anzahl. Ihr Schmalz könnte zutreffend Öl genannt werden, denn es ist flüssig und für viele Dinge brauchbar.

Vom Pelzwerk

An dem Ufer des Meeres halten sich viele Otter auf, deren Häute zu großem Nutzen gereichen würden, wenn man sie mit Reusen und anderen geeigneten Vorrichtungen finge. Wir rechnen auch damit, Zobelpelz zu bekommen: Denn wie wir von den Einwohnern vernehmen, findet sich besagtes Tier in verschiedenen Gegenden dieser Landschaft in großer Zahl, ungeachtet der Tatsache, daß wir nicht mehr als zwei dieser Häute bekommen haben. Es soll dort auch Luchse geben, obwohl wir noch keinen gesehen haben.

Von Hirschhäuten

Man könnte jedes Jahr an die tausend unbearbeitete oder wie die Gemshäute zubereitete Hirschhäute von den Einwohnern gegen geringe Waren durch Tauschhandel bekommen:

Denn es gibt dort so viele Hirsche, daß man es nicht merkt, wenn ihre Zahl vermindert wird.

Von Mardern

In den Reusen sind wir auf einen wohlriechenden Marder gestoßen, der aber *Civetta*[15] genannt wird; der wurde von einem Einwohner totgeschlagen. Danach haben wir gespürt, daß einer kurz zuvor da gewesen war. Daraus haben wir geschlossen, daß die Natur der Landschaft der Art sei, daß sie auch dieses Tier ernähren und großziehen könne, vor allem weil die Reden der Einwohner mit unserer Vermutung übereinstimmen. Es wäre von ihnen sicherlich großer Nutzen zu erwarten.

Vom Eisen

Wir sind an zwei Stellen dieser Landschaft, etwa 80 oder 120 Meilen von unserer Befestigung entfernt, nicht weit von dem Ufer des Meeres, zu vielen Felsen gekommen, die aufgrund der Erfahrung der Bergleute als reich an Eisenerz befunden wurden. Man findet es allerdings auch an anderen Stellen dieser Landschaft. Das wäre somit eine gute Gelegenheit, ein Geschäft mit Handelsgütern zu beginnen. Denn neben den geringen Unkosten, die über die Tagelöhner hinausgehen, ist hinsichtlich des Holzes dort überall genug zu bekommen. Und da in England ein großer Mangel an Holz ist, könnte man

[15] Civetta – Hier sind zwei in der englischen Vorlage getrennte Abschnitte sinnentstellend zusammengezogen worden. Mit »Marder« (Marten) ist wohl der im südöstlichen Nordamerika heimische Nerz (Mink) gemeint; bei der im englischen Originaltext später genannten »civet cat« = Zibetkatze handelt es sich in Wirklichkeit wohl um den südlichen Skunk (Stinktier).

die Schiffe anstatt mit grobem Sand mit Eisen, das dort geschmolzen würde, beladen und es nach England bringen.

Von Erzen

Als wir etwa anderthalbhundert Meilen weit in das Land hineingegangen sind, haben wir in zwei Städten bei den Bürgern kleine, runde, aus Erz gemachte Teller gefunden, die, wie uns berichtet wurde, einige, die weiter im Landesinneren wohnen, gegossen haben. Dort sind, wie die Einwohner der genannten Städte sagten, Berge und fließende Gewässer, die weiße, dem Silber nicht sehr unähnliche Metallkörnchen enthalten. Und daß dem so ist, beweist der Augenschein: Denn als wir zuerst da ankamen, habe ich es mit einigen Gefährten selbst gesehen, denn wir haben einen *Weroans* oder großen Herrn, der zufällig achtzig Meilen von der Befestigung weg Hof hielt, gesehen: der hatte an den Ohren zwei kleine Stücke aus Silber hängen, aber kunstlos gearbeitet und jedes an Gewicht so schwer wie ein dicker französischer Pfennig. Als wir ihn fragten, wie viele Tagreisen der Ort von da entfernt sei, woher er es habe, gab er uns zur Antwort, er habe es von demselben Ort oder nicht so weit bekommen, wo, wie wir nachher in Erfahrung brachten, Erz und weiße Metallkörnchen gefunden werden. Dieses Erz enthält auch Silber, wie durch Prüfung festgestellt worden ist.

Von Perlen

Wir haben gelegentlich, wenn wir Muscheln gegessen haben, einige Perlen gefunden, was wir jedoch nicht als ein besonderes Glück erachten, da sie entweder runzlig oder fleckig waren, da wir die Gegend noch nicht erkundet hatten, wo sie schöner und größer sein sollen. Einer von den Unsrigen, der sich auf solche Dinge verstand, hatte den Einwohnern etwa 5000 abgekauft und aus dem ganzen Haufen die schönsten, die an Größe und Rundung einander gleich waren, mit der Absicht herausgelesen, daraus ein Halsband zu machen und es Ihrer Königlichen Majestät zu verehren. Als wir uns aber wieder einschifften, um nach Hause zu fahren, sind wir durch ein Unwetter, das sich erhoben hatte, um die Perlen und noch viele andere Waren und Güter gekommen.

Vom Gummi

Es gibt dort verschiedene Arten von Gummiharz und andere Arzneien, die den Apothekern gut bekannt sind, von denen wir ausführlicher schreiben wollen, wenn wir hören, was diejenigen, die in diesen Dingen erfahrener als wir sind, herausbekommen haben: Denn bevor man damit etwas ausprobieren konnte, sind sie durch das zuvor genannte Ungestüm des Meeres vernichtet worden.

Von den verschiedenen Arten des Färbens

Es wächst dort auch Sumach[16], das die Gerber benutzen, den Engländern wegen seines vielfältigen Nutzens in der Färberei gut bekannt. Sie pflegen eine Pflanze, *Wassewowr*, zu ziehen[17], kleine und dünne Wurzeln, *Chappacor*, und die Rinde eines

16 Sumach – Rhus, eine Pflanzengattung der Familie Anakardiazeen; sie liefert Gerbstoff, Firnis und Talg.

17 Sie pflegen eine Pflanze, Wassewowr, zu ziehen – Offensichtlich ein Übersetzungs- oder Verständnisfehler: Im englischen Originaltext lautet die Stelle: ». . . the seede of a hearbe called Wasewowr« – »der Samen einer Pflanze namens Wasewowr«.

Baumes, *Tangomockomindge* genannt, aus der rote Farben, doch eine verschieden von der anderen, gemacht werden. Es ist jedoch noch kein englisches Tuch damit gefärbt worden, denn die Einwohner benutzen es nur dazu, um ihr Haar und Gesicht damit anzustreichen und auch ihre aus Hirschhäuten gemachten Mäntel, item und Binsen, aus denen schöne Matten und Körbe gemacht werden, zu färben, da sie nichts anderes haben, das sie hoch schätzen, das man dazu gebrauchen könnte. Wenn aber jemand die Farben nicht zu den Handelsgütern zählen möchte, so besteht doch kein Zweifel, daß die Unsrigen, die diese Landschaft bewohnen, sich diese auf mancherlei Art nützlich machen könnten, wie auch die anderen Farben, die dort gefunden werden.

Vom Waid

Die Pflanze Waid[18], die den englischen Färbern gut bekannt ist und von ihnen viel benutzt wird, wächst aufgrund des Bodens in England sehr wenig: aber in Virginia, das ein großes und in vielen Gebieten unbebautes Land ist, könnte sie gut angepflanzt werden: Denn sie würde zweifellos gut gedeihen, da sie auf den Inseln, die von den Spaniern Azoren genannt werden, reichlich wächst, auch im Hinblick darauf, daß die besagten Inseln und diejenige, die man Madeira nennt, auf demselben Breitengrad liegen.[19]

[18] Waid (Isatis tinctoria) – eine Farbstoffpflanze.

[19] Auf demselben Breitengrad liegen – allerdings stimmen die Vegetationsgrenzen in Europa nicht mit denen in Nordamerika überein.

Vom Zuckerrohr

Wir hatten Zuckerrohr dorthin mitgebracht, um das da anzupflanzen. Weil es aber nicht sorgfältig aufbewahrt worden war, und, als wir ankamen, die Zeit zum Pflanzen schon vorüber war, haben wir nichts, wie wir es gewünscht hatten, damit versuchen können. Da es jedoch in derselben Gegend wächst, nämlich in den Ländern Spanien und Afrika, die im Süden liegen, sind wir diesbezüglich noch guter Hoffnung. Man könnte dort auch Pomeranzen- und Limonenbäume, ebenso Quittenbäume pflanzen: Denn, wenn diese Früchte fleißig angepflanzt würden, wäre mit der Zeit ein guter Vorrat an Zucker und Konfekt zu erwarten. Schließlich könnten diejenigen, die dort wohnen wollen, ihren Nahrungserwerb im Ackerbau auf vielfältige andere Weise verbessern, die zu überlegen ich euch überlasse.

Ich hätte auch noch zwei andere angenehme Dinge erwähnen können (von denen das eine sicher, das andere aber noch zu erhoffen ist), die man nicht durch Anbau herbeiführen muß, sondern weil sie ohne jegliche Handarbeit dem Menschen zuteil werden, in kurzer Zeit gesammelt und lange aufbewahrt werden können. Zudem wäre wohl ausführlicher von den erwähnten Dingen zu schreiben gewesen, nämlich von den Örtlichkeiten, wo sie wachsen und zu welcher Jahreszeit sie am günstigsten zu säen wären, sowie in welcher Größe und Anzahl. Aber da es der ganzen Aktion zum Nachteil gereichen könnte, wenn anderen, die unserem beabsichtigten Werk nicht günstig gesinnt sind, alle Verhältnisse zur Kenntnis gebracht würden, habe ich deren ausführliche Beschreibung absichtlich im Hinblick darauf unterlassen, daß der geneigte Leser durch diesen kurzen, aber doch wahrheitsgetreuen Bericht ausreichend darüber belehrt worden ist. Deshalb will ich hiermit den ersten Teil dieses Buches beschließen.

DER ZWEITE TEIL

VON DER BILLIGKEIT DER NAHRUNG, WELCHE DIE WILDEN IN VIRGINIA STETS HABEN, DIE WIR AUCH GENOSSEN HABEN, ALS WIR DORT ANKAMEN.

Und erstens von den Bodenfrüchten

Pagatowr, so von den Wilden genannt, ist das, was die Inder im Westen Mais nennen. Es hat Körner so groß wie englische Erbsen, und sie sehen diesen nicht ganz unähnlich. Es hat aber verschiedene Farben: weiß, rot, gelb oder auch himmelblau. Wenn man sie zerreibt, wird daraus ein weißes Mehl, das gutes Brot ergibt, wenn man es gehörig backt. So lange wir da blieben, haben wir es wie Gerste verarbeitet und Dünnbier, jedoch von sehr gutem Geschmack, daraus gesiedet. Es besteht kein Zweifel, wenn man noch guten Hopfen dazu verwenden würde, könnte es viel stärker und besser werden. Die Kerne sind sehr fruchtbar, da einer alleine tausend, fünfzehnhundert, gelegentlich auch zweitausend ergibt. Von diesem Mais gibt es drei Arten: Darunter welche, die zwei, sechs oder sieben Schuh hoch wachsen und innerhalb von elf oder zwölf Wochen, gelegentlich auch zehn Wochen, reif werden, je nachdem, ob man sie ordentlich und zur rechten Zeit sät. Die dritte schießt ungefähr zehn Schuh in die Höhe und reift in dreieinhalb Monaten. Jeder Halm trägt zwei, drei oder vier Ähren, gelegentlich nur eine. Eine Ähre hat fünf-, sechs- oder siebenhundert Körner, weniger und mehr. Aus diesen bereiten sich die Wilden Speise und kochen sie entweder ganz lange, bis sie weich werden, oder zerstoßen sie, so daß sie danach aus diesem Mehl und aus Wasser einen Brei machen.

Okindgier wird von uns Bohnen genannt, weil es hinsichtlich Größe und Gestalt den englischen Bohnen gleicht; doch ist es etwas flacher und hat verschiedene Farben, gelegentlich ist es gesprenkelt. Hinsichtlich des Stengels und der Blätter besteht jedoch ein großer Unterschied; aber es ist so angenehm zu essen wie die unsrigen Bohnen.

Wikonzowr pflegen wir Erbsen zu nennen, damit wir es von den Bohnen unterscheiden, denn die Früchte sind viel kleiner; sie sehen ihnen aber nicht sehr unähnlich, übertreffen sie jedoch hinsichtlich des Geschmackes weit. Jede der beiden Arten ist zehn Wochen, nachdem sie gesät wurde, reif. Gelegentlich zerstoßen sie es und machen daraus einen Brei, oder kochen es nach unserem Brauch, bis es weich wird und bereiten entweder jedes für sich oder beide miteinander vermengt zu. Ab und zu tun sie auch ihren Mais darunter, oder wenn es schon gekocht ist, zerstoßen sie es in einem Mörser, backen es zu einem Klumpen und zerschneiden es danach und essen es dann zum Vergnügen oder zur Abwechslung.

Macoqwer sind unseren Pfeben[20], Melonen[21] und Kürbissen sehr ähnlich. Doch sind die genannten Früchte in Virginia von sehr gutem Geschmack; sie kommen alle aus einem Samen. Die eine Art wird innerhalb einer Monatsfrist reif, die andere in zwei Monaten.

Man findet dort ein Gewächs, das diejenigen, denen ich es beschrieben habe, für eine Art Melden[22] halten. Es wächst vier oder fünf Schuh in die Höhe. Aus seinem Samen kocht man einen dicken, wohlschmeckenden Brei; aus der Asche seines Stengels machen sie einen Klumpen Salz, um ihre Speisen zu salzen, da sie kein anderes Salz kennen. Wir pflegten aus den Blättern ein Gemüse zu kochen.

Es gibt auch ein anderes Gewächs, das sehr groß ist und Blüten wie Ringelblumen trägt; es ist sechs Schuh hoch, sein

[20] Pfeben – Bezeichnung für mehrere Kürbisarten, besonders für eine Art große Melonen (Cucumis melo), lateinisch »pepo«.

[21] Melonen – Echte Melonen wurden jedoch erst später nach Nordamerika eingeführt.

[22] Melden – eine zur Gattung der Gänsefußgewächse (Atriplex) zählende Pflanze; hier ist die Strandmelde (Atriplex hastata) gemeint.

Oberteil mitsamt der Blüte ist eine Spanne[23] lang. Einige meinen, es sei die *Planta Solis*.[24] Den Samen verwenden sie, um daraus Brot zu backen und Brei zu kochen.

Alle diese obengenannten Arten der eßbaren Nahrung können sie entweder durch Säen oder durch Pflanzen haben, jede Gattung für sich oder alles durcheinander gesät, was auch üblicher ist.

Damit ich aber auch die Fruchtbarkeit des Landes klar mache, erschien es mir dienlich, kurz etwas von ihrem Ackerbau zu berichten.

Der Boden dort wird nie mit Mist oder anderem gedüngt, auch nicht nach englischem Brauch geackert noch geeggt, sondern er wird so bereitet, wie hiernach folgt: Einige Tage bevor sie säen, roden sie den Boden obenan ein wenig: die Männer mit hölzernen Werkzeugen, die zum größeren Teil wie Breithacken gestaltet sind, mit langen Stielen; die Frauen eher mit zweispitzigen [Hacken] oder mit Pfählen, einen Schuh lang und eine Hand breit mit einem kurzen Griff (da sie bei der Arbeit sitzen), um das Unkraut und alte Maisstoppeln auszureißen. Wenn sie die zwei oder drei Tage an der Sonne getrocknet haben, tragen sie die auf einen Haufen zusammen und verbrennen sie, damit sie der Mühe des Hinwegtragens enthoben sind. Es könnte jemand vielleicht denken, sie benutzen die Asche, um den Boden damit zu düngen. Aber wenn dem so wäre, würden sie überall Asche streuen, was wir jedoch nicht von ihnen gesehen haben (außer wo große Haufen waren), oder sie würden ihr Korn mit besonderem Fleiß an den Stellen säen, die mit Asche besprengt wären, worum sie sich aber nicht schr bemühen. Diese Ordnung beachten die Wilden im Landbau.

[23] Spanne – ein altes Längenmaß, das ursprünglich den Abstand zwischen der Spitze des Mittelfingers und der Spitze des Daumens bezeichnete.

[24] Planta Solis – Sonnenblume; sie ist in vielen Arten in North Carolina heimisch; die Indianer machten aus ihren Samen Mehl und Öl.

Sie säen aber und pflanzen auf folgende Art: Am äußersten Ende des Ackers beginnen sie, mit einem Pfahl Grübchen zu machen, in die sie vier Körner werfen, und säen mit großem Eifer, jedes einen Daumen weit von dem anderen; danach decken sie die rasch wieder mit Erde zu: Und fahren so fort, den Acker hindurch Grübchen zu machen und wieder aufzufüllen, doch so, daß sie kunstvoll hintereinander stehen, jede Reihe einen Strich einer englischen Elle[25] weit von der anderen, die Grübchen aber eine halbe voneinander entfernt. Sie säen gelegentlich Bohnen und Erbsen im gleichen Abstand darunter und mischen an einigen Stellen *Macoqwer* mit ein, auch Melden und *Plantae Solis*-Körner.

Ein Acker, 40 englische Ruten[26] lang und vier breit, der so bebaut ist, könnte, wie ich errechnet habe, 200 Londoner Simmer[27] an Korn, Bohnen und Erbsen bringen, ohne das *Macoqwer*, die Melden, *Planta* oder *Flos Solis*.

Wenn ein so großer Acker in England seinem Herrn 40 Simmer unseres Korns bringt, ist er sehr gut zufrieden. Ich habe deshalb euch solches zu eurem Nutzen eröffnen wollen, damit diejenigen, die diese Landschaft bewohnen werden, wissen, wie weit dieser Boden, wo man Korn anbauen kann, den unsrigen übertrifft: Denn abgesehen von anderen verschiedenartigen Früchten, die auch eine lange Zeit aufbewahrt werden können, ist das Land so fett, daß man es mit geringerer Arbeit im Vergleich zu derjenigen, die man bei uns aufwenden muß, bestellen kann. Und ich kann das wahrhaftig sagen, daß ein Mann (wie ich es bei mir überschlagen

25 Elle – ein Längenmaß, das ursprünglich die Länge des Unterarms bis zum Ellenbogen bezeichnete; Strich = der zehnte oder zwölfte Teil eines Zolls.

26 Rute – früheres deutsches Längenmaß verschiedener Größe; am meisten verbreitet war die rheinische Rute (= 3,766 m).

27 Simmer – ein altes, vor allem in Süddeutschland verbreitetes Getreidemaß; der hier angegebene Ernteertrag ist wohl eine erhebliche Übertreibung.

habe) so viel Feld, das allerdings zuvor schon einmal bepflanzt worden ist, in 24 Stunden bestellen kann, daß er von dem Ertrag ein ganzes Jahr bequem leben kann, obwohl er nichts davon bekommt als das, was der Boden trägt, und der Acker nicht mehr als dreizehn Klafter[28], das sind 25 englische Ellen, lang und breit ist. Ja, wenn es nötig wäre (obwohl da viel Land unbestellt liegt), könnte man zwei Ernten von einem Land haben. Denn man kann zu jeder Zeit säen und pflanzen, mitten im März angefangen bis zum Ende des Brachmonats[29], so daß man, wenn die Früchte der ersten Ernte verzehrt sind, von neuem anbauen kann. Obwohl sie nun in einigen Gegenden dieser Landschaft, wie soeben berichtet, zweimal ernten können: Sofern ihr Bewohner das auch mit dem englischen Getreide versuchen wollt, könnt ihr dieses tun oder lassen, bis ihr eine bessere Gelegenheit erhaltet, euch darüber schlüssig zu werden.

Was die Beschaffenheit des Bodens anbelangt, so besteht daran kein Zweifel. Denn wir haben es an Gerste, Hafer und Erbsen festgestellt, die wir doch nicht mit Sorgfalt gesät haben, sondern als sie zufällig auf den Boden fielen, der sonst keine Frucht trug, sind sie doch genauso schön gewachsen, wie wir es in England gesehen haben. Mit dem Getreide haben wir keine Versuche unternehmen können, denn es war verschimmelt, weil es durch Salzwasser naß geworden war; auch hatten wir keinen Roggen.

Ich bin etwas weiter, doch nicht ohne Nutzen wie ich hoffe, von meinem beabsichtigten Bericht abgewichen: Jetzt will ich wieder zu meinem Vorhaben schreiten und das, was von diesem Gegenstand noch übrig ist zu schreiben, zu Ende bringen.

[28] Klafter – altes deutsches Längenmaß von jeweils sechs Fuß; je nach Größe des Fußmaßes schwankte der Wert zwischen 1,707 und 1,896 m.
[29] Brachmonat – Juni.

Es gibt in dieser Landschaft einen Trieb, der von selbst wächst und von den Wilden *Uppowoc* genannt wird. Dieser hat bei den Indern im Westen je nach der Art der Gegend, wo er wächst, verschiedene Namen erhalten. Die Spanier nennen es *Tabaco*. Seine Blätter werden getrocknet, zu Mehl gemacht und auf Röhrchen gelegt, die aus Tonerde gemacht sind. Wenn man dies dann anzündet und den Rauch durch den Mund in sich hineingezogen hat, reinigt es den Kopf von phlegmatischen zähen Flüssen[30] und öffnet die Schweißporen und andere Körpergänge. Deshalb brauchen auch diejenigen, die es verwenden, sich nicht nur keine Sorge wegen Verstopfungen zu machen, sondern diejenigen, die an Verstopfung leiden, werden durch dieses Mittel in kurzer Zeit davon befreit, während sie andernfalls lange davon geplagt gewesen wären; daher sind sie auch von kräftiger und guter Komplexion[31]. Denn ich kann mich nicht erinnern, daß ich diese schweren Krankheiten an ihnen gesehen habe, denen wir in England alle unterworfen sind.

[30] phlegmatische zähe Flüsse – Phlegma ist einer nach der damaligen medizinischen (Krankheits-)Lehre im menschlichen Körper vorhandenen vier Körpersäfte.

[31] Komplexion – Die im 16. Jahrhundert in Europa gültige und aus dem Mittelalter übernommene Krankheitslehre gründete sich auf der von dem römischen Arzt Galenus (um 131-201 n. Chr.) zu einem geschlossenen System ausgebildeten Lehre von den Körpersäften. Danach bestand jeder lebende Körper aus den vier Körpersäften Blut (sanguinis), Schleim (phlegma) rote und schwarze Galle (cholera bzw. melancholia). »Komplexion« bzw. »Temperament« bezeichnete die Mischung der Körpersäfte. War diese Mischung ausgewogen, bewirkte dies Gesundheit; bei dem gestörten Mischungsverhältnis trat Krankheit ein. Die Ursache für die Störung des Mischungsverhältnisses kann nach dieser Lehre der Überfluß eines der Körpersäfte oder die Verderbtheit der verschiedenen bzw. eines der Körpersäfte sein. Nach der damaligen Auffassung beeinflußte die natürliche (Um-)Welt das System der menschlichen Körpersäfte (siehe zu dieser mittelalterlich-frühneuzeitlichen Krankheitslehre z. B. Heinrich Schipperges: Der Garten der Gesundheit – Medizin im Mittelalter, München 1985, bes. S. 64-66).

Dieses *Uppowoc* wird von den Wilden so hoch geschätzt, daß sie glauben, auch ihre Götter hätten ihre Freude daran. Deswegen machen sie gelegentlich rauchende Feuer und werfen sein Pulver anstelle eines Opfers da hinein. Item, wenn sie auf dem Meer fahren und ein Unwetter aufkommt, streuen sie dieses Pulver in die Luft und in das Wasser. Sie tun es auch in ihre neuen Fischreusen. Diese Zeremonie vollführen sie auch, wenn sie aus einer großen Gefahr errettet worden sind, indem sie das besagte Pulver mit merkwürdigen Gebärden in die Luft stieben, bald mit den Füßen auf den Boden treten, bald tanzen. Oder sie schlagen die Hände zusammen und heben sie über sich, blicken zum Himmel hinauf und sprechen merkwürdige und fremdartige Worte.

Als wir da waren, haben wir diese Pflanze selbst nach ihrer Art bei unseren Krankheiten angewandt, und auch nach unserer Rückkehr; und wir haben vielerlei Wirkungen dabei festgestellt, worüber ein ganzes Buch zu schreiben wäre. Aber es ist nicht nötig, davon noch mehr zu reden, denn die Erfahrung vortrefflicher Ärzte bei Mann und Frau gibt von seinen Kräften genügend Kunde.

Dies sind nun die Nutzen und Früchte, die mir bewußt sind und an die ich mich habe erinnern können, die zur Ernährung des Menschen gehören und aus dem Ackerbau kommen. Was die übrigen Dinge angeht, die wachsen von selbst und finden sich in dieser Landschaft in großem Überfluß.

Von Wurzeln

Openawk sind runde Wurzeln[32], einige so groß wie eine Walnuß, einige wohl größer. Sie wachsen an feuchten und morastigen Stellen. Von ihnen hängen viele aneinander, als ob sie an einer Schnur aufgezogen wären. In Wasser oder sonstwie gekocht, ergeben sie eine gute Speise.

Okeepenauck ist von runder Gestalt und wächst an trockenen Stellen. Man findet sie gelegentlich so groß wie ein Menschenkopf. Die Wurzeln müssen gegessen werden, wenn sie noch frisch sind, denn aufgrund ihrer trockenen Beschaffenheit eignen sie sich weder zum Kochen noch zum Braten. Im Geschmack sind sie nicht so gut wie die eben erwähnten: Jedoch, wenn Mangel an Brot ist, pflegen die Wilden sie zum Fleisch und zum Fisch, gelegentlich auch zum Vergnügen zu essen: Und sie sind meines Erachtens genauso leicht zu verdauen wie das gewöhnliche englische Brot, das aus Roggenmehl gebacken wird.

Kaischupenauck ist eine weiße Wurzel; sie hat etwa die Größe eines Hühnereis: Doch meinte ich, daß sie nicht so leicht zu essen war, wie die zuvor genannte; deshalb haben wir uns auch nicht sonderlich bemüht, ihre Herkunft zu ermitteln, obwohl die Wilden sie zu kochen und zu essen pflegen.

Tsinaw ist eine Wurzelart, die derjenigen sehr ähnlich ist, die in England Chinaroot, das heißt Chinawurzel[33], genannt

[32] runde Wurzeln – Sehr wahrscheinlich ist hier die Erdbirne (Apis tuberosa) gemeint, eine Knollenwicken-Staude, deren birnenförmiger, eßbarer Wurzelstock auf eine Schnur gezogenen kleinen Kartoffeln bzw. Nüssen ähnelt. – Mit der anschließend genannten Wurzel Okeepenauck ist wohl eine nordamerikanische Trichterwinde, Ipomoea panderata, bezeichnet, die eine sehr stärkereiche Wurzel besitzt, während es sich bei der anschließend aufgeführten Wurzel Kaischupenauck wohl um die Bruch- oder Sumpfeichel (Sagittaria latifolia) handelt.

[33] Chinawurzel – Smilax china; diese aus Ostasien stammende Pflanze wurde früher als Heilmittel gegen Gicht und Syphilis verwandt.

wird, die aus dem im Osten gelegenen Indien[34] gebracht worden ist. Wir vermuten auch, daß sie von derselben Art ist. Es wachsen viele von ihnen an einem Strauch und sie haben einen Stengel, der derjenigen Pflanze gleicht, die von den Engländern Brier[35] genannt wird; die Blätter sind aber anders: Sie wachsen an den Bäumen empor, winden sich um sie herum und gehen bis zu den Wipfeln hinauf. Diese Wurzeln werden, wenn sie frisch und jung sind, zerhackt, zerstoßen und ausgedrückt, um den Saft herauszuziehen; es wird daraus mit Wasser ein Brot gebacken: Gekocht ergeben sie eine gute Brühe, einer Sülze oder Gallerte ähnlich; sie schmecken aber viel angenehmer, wenn sie mit Öl vermengt werden. Dieses *Tsinaw* ist nicht das Gewächs, das einige dazu veranlaßt hat, sie als Chinawurzel nach England zu bringen: Denn man hat sie erst später mitsamt ihrem Nutzen kennengelernt. Aber diejenige, die nach England gebracht worden ist, kennen wir noch nicht: Es wissen auch die Einwohner selbst nicht, wozu sie nützlich und gut ist, ungeachtet der Tatsache, daß die Wurzeln einander sehr gleichen.

Cocushaw hat der größte Teil von uns geglaubt, sei die Wurzel, die von den Spaniern, die das im Westen gelegene Indien bewohnen, Cassavi[36] genannt wird, weshalb sie ihr auch eben diesen Namen gegeben haben. Sie wächst an feuchten und morastigen Stellen. Wenn diese Wurzel nach der Art der Wilden zubereitet wird, kann daraus ein gutes Brot und ein guter Brei gekocht werden; sie ist unter den

[34] Im Osten gelegene Indien – der indische Subkontinent bzw. Ostasien.

[35] Brier – briar; gemeint ist ein Mitglied der Gattung der Stechwinde (Smilax).

[36] Cassavi – Kassave (Manihot – oder Maniok – utilissima); eine im tropischen Amerika verbreitete Kulturpflanze mit stärkereichen Knollen. Die Indianer erfanden das Verfahren, den blausäurehaltigen Giftsaft aus den zerstampften Wurzelknollen in geflochtenen Schläuchen herauszupressen. Das so gewonnene Mehl wurde von ihnen zur Herstellung eines Breigerichts oder von Fladenbrot verwandt.

Wilden sehr verbreitet. Ihr Saft ist ein tödliches Gift; deshalb muß er, bevor man die Wurzel verwendet, zuvor herausgedrückt werden. Daher zieht man zuerst die Rinde davon ab und trocknet die Wurzel an der Sonne oder am Feuer; danach zerstößt man sie zu Mehl und backt dann Brot daraus: Oder sie wird, wenn sie noch frisch und grün ist, gesäubert, zerhackt, gestampft und zu Küchlein geformt. Diese werden an oder auf das Feuer gelegt, bis sie sauer sind. Danach zerstoßen sie es wieder zu Mehl, aus dem dann Brot oder ein guter Brei gemacht wird.

Habascon ist eine Wurzel von heißer Natur; hinsichtlich Größe und Gestalt der Pastinake[37] sehr ähnlich. Als wir zu den Stellen kamen, wo es wächst, haben wir viel davon gesammelt und gegessen; wir haben aber nicht gesehen, daß die Wilden es essen.

Von Früchten

Man findet an vielen Stellen große Mengen von Kastanien, die einige roh essen; einige zerstoßen sie und kochen sie wie Brei; einige zerkochen sie aber und kneten sie zu einem Teig, ähnlich dem oben genannten, den sie aus Bohnen machen. Die Walnüsse wachsen an einigen Stellen in großer Menge, denn es gibt dort große Wälder, viele Meilen lang und etwa ein Drittel davon Nußbäume, die von zweierlei Arten sind: Zwischen der einen Gattung und unseren englischen Nüssen besteht hinsichtlich des Geschmackes und der Gestalt ein geringer Unterschied; sie hat jedoch eine dickere und härtere Schale: Die andere Gattung hat eine rauhe und harte Schale sowie einen großen, süßen und öligen Kern. Obwohl sie die

[37] Pastinake – Hier ist eine Kuh- oder gemeine Pastinake (Bärenklau) gemeint, die aber gar nicht zur Gattung der Pastinaken gehört.

auf unsere Art essen, zerschlagen sie diese doch auch mit Steinen und zerstoßen sie zusammen mit Wasser in einem Mörser, um Milch daraus zu machen, die sie auf verschiedene Weise für ihren Brei verwenden: Sie mengen auch unter ihr Getreide Bohnen, Erbsen und Pfeben, um einen besseren Geschmack zu erzielen.

Es gibt dort auch eine gute Frucht, die wir aus folgenden Gründen Mispel nennen: Erstens, weil sie nicht zum Essen geeignet ist, es sei denn, sie ist weich; außerdem, weil sie oben ein Krönchen wie unsere Mispeln hat und von derselben Größe ist: Doch besteht hinsichtlich des Geschmackes und der Farbe ein großer Unterschied, denn diese Frucht ist rot wie Kirschen und sehr süß; doch nicht so wohlschmeckend, da die Kirschen nicht richtig süß und auch nicht richtig sauer sind.

Metaquesunnauk ist eine schöne Frucht; sie hat fast die Gestalt und Größe unserer Birnen, ist aber innen und außen sehr rot. Sie wächst an einem Strauch, dessen Blätter sehr dick und voller stachliger Spitzen sind. Einige, die in (West-) Indien gewesen sind und die herrliche Farbe, Cochinilla[38] genannt, dort wachsen gesehen haben, die sagen, ihr Wuchs sei dieser *Metaquesunnauk* gleich: Ob es aber die richtige Cochinilla ist, kann ich nicht mit Sicherheit sagen, da, wie ich gehört habe, die besagte Cochinilla nicht an der Frucht, sondern an deren Blättern wächst. Auf ihre Blätter, was das anbelangt, haben wir aber nicht so sorgfältig geachtet.

Von den Trauben gibt es zwei Arten, deren wir in dem

[38] Cochinilla – Koschnille; Bezeichnung für verschiedene Schildlausarten, die in ihrer Körperflüssigkeit einen roten Farbstoff enthalten. Sie haben deshalb bis zur Erfindung der Anilinfarben in der Farbindustrie eine wichtige Rolle gespielt. Die echte oder Koschnille-, Kaktus- oder Nopalschildlaus lebte ursprünglich in Mexiko an Opuntien. – Hier ist offensichtlich ihre Wirtspflanze, der Nopalkaktus von Mexiko und Mittelamerika, gemeint.

ersten Teil über die Handelsgüter gedacht haben. Es wachsen dort auch Erdbeeren, genauso groß und gut wie sie in England in den Gärten gezogen werden. Item Maulbeeren und dergleichen andere Früchte, die wir auch in England haben.

Sacquenummener sind Beeren, unseren Kapern gleich, aber etwas größer. Sie wachsen in Haufen an einer Pflanze, die man an stehenden Gewässern findet. Diese Beeren werden, wenn man sie acht oder neun Stunden gekocht hat, sehr gut genießbar und bekömmlich. Wenn sie aber anders eingenommen werden, fühlt sich der Mensch eine Zeitlang unwohl oder wird davon krank. Es wächst da auch ein Rohr, das Körner trägt, die unserem Roggen oder Getreide gleichen. Wenn es gekocht wird, kann der Mensch es genießen.

Auf unserer Fahrt haben wir an verschiedenen Stellen wilde Erbsen gefunden, unseren englischen gleich, obwohl etwas kleiner, aber gut schmeckend. Wir haben auch fünferlei Arten von Beeren gesehen, die auf Bäumen wachsen; die ersten werden in der Sprache der Wilden *Sagatemener*, die zweite *Osamener*, die dritte *Pummuckoner* genannt. Diese Beeren pflegen sie auf Matten, die aus Binsen geflochten sind, über dem Feuer zu dörren, fast auf die Art, wie wir in England gewässerte Gerste zu dörren pflegen. Wenn sie diese essen wollen, legen sie die in Wasser, bis sie weich werden: Danach, wenn sie gekocht sind, essen sie die entweder allein oder zerstoßen sie zu Mehl, um eine Brotsuppe daraus zu machen. Aus diesen drei genannten Beerenarten machen sie auch süßes Öl. Die vierte Art, *Sapummener*, gekocht und ausgedrückt, schmeckt wie Kastanien; daraus backen sie gelegentlich Brot. Die fünfte, *Mangummenauck* genannt, ist eine Frucht von der Eiche dieser Landschaft. Wenn die gedörrt, ins Wasser gelegt und gekocht worden ist, pflegen es Herr und Knecht in dieser Landschaft als Mahlzeit mit Fleisch oder Fischen aus Vergnügen oder aus Mangel an Brot zu essen.

Von vierfüßigen Tieren

Man findet an einigen Stellen große Herden von Hirschen, die sich am Ufer des Meeres aufhalten; sie sind von fast derselben Größe wie die englischen, einige auch kleiner. Aber weiter im Landesinneren, wo sie eine bessere Weide finden, sind sie größer. Darin sind sie den unsrigen unähnlich, daß sie längere Schwänze und das äußere Ende ihrer Hörner nach hinten auf ihren Rücken gebogen haben.

Alle Kaninchen, die wir dort gesehen und von denen wir gehört haben, sind aschfarben wie die Hasen: Es gibt an einigen Stellen so viele, daß die Bürger einiger Städte aus deren Fellen Mäntel machen.

Sacquenuckot und *Maquowoc* sind zwei kleine Tiere, aber größer als Kaninchen und gut schmeckend. Wir haben allerdings nie welche gefangen, aber diejenigen, die von den Wilden gefangen und uns gebracht worden waren, haben wir gelegentlich gegessen.

Item aschfarbene Eichhörnchen haben wir gelegentlich gefangen und gegessen.

Die Bären dieser Landschaft sind völlig schwarz und eßbar. Die Wilden pflegen sie in der Winterzeit zu jagen und zur täglichen Nahrung zu verwenden und gelegentlich [taten] auch wir [das]. Sie fangen sie gewöhnlich auf folgende Weise: Wenn sie die Stellen ausgekundschaftet haben, wo sich die Bären nach der Jagd versteckt haben, ziehen sie dorthin: Sobald nun die Bären einen Menschen sehen, flüchten sie und klettern auf die nächsten Bäume: Die Wilden eilen ihnen nach und holen sie mit ihren Pfeilen von den Bäumen herunter, entweder tot oder so zugerichtet, daß man sie leicht endgültig erlegen kann. Wir haben sie zuweilen auch mit unseren Rohren[39] heruntergeschossen.

[39] Rohre – Gewehre.

Ich habe achtundzwanzig Namen von verschiedenen vierfüßigen Tieren zusammengestellt und aufgeschrieben, die sich, wie wir erfahren haben, hin und wieder in dieser Landschaft, vor allem im Inneren, aufhalten: Davon haben wir aber nur zwölf gesehen und von denen, die gut eßbar sind, haben wir nur die vorgenannten kennengelernt.

Die Wilden fangen gelegentlich Löwen[40] und essen sie, und wir [fingen] gelegentlich ihre Wölfe und eine andere Art, die halb Hund und halb Wolf ist, wenn wir die Gelegenheit hatten, sie zu fangen. Doch habe ich sie nicht zu den vierfüßigen Tieren, von denen sich der Mensch ernähren kann, rechnen wollen, damit es nicht meinem Mangel an Wissen über diese Dinge zugeschrieben würde, daß ich nicht den Unterschied im Geschmack, der zwischen diesen und den unsrigen besteht, mitteilen könnte nach der Meinung einiger unserer Gefährten, die beide Gattungen gekostet haben.

Von Vögeln

Es sind dort auch amerikanische Pfauen mitsamt den Weibchen. Item Holztauben, Rebhühner, Kraniche, Reiher und zur Winterzeit viele Schwäne und Gänse. Ich habe viele verschiedene Vogelnamen in der virginischen Sprache aufgezeichnet, etwa sechsundachtzig, von denen wir – außer den oben genannten – einige gefangen und gegessen haben: Zudem haben wir acht Abbildungen verschiedener Wasservögel und siebzehn von solchen Vögeln, die gespaltene Füße haben, einschließlich ihrer Namen, die ihnen die Wilden gegeben haben. Wir haben noch viele andere von ihnen gesehen und gegessen, die wegen der Kürze der Zeit nicht gezeichnet

[40] Löwen – Es kann nur ein löwenähnliches Tier gemeint sein, vielleicht der amerikanische Panther, Cougar oder Puma (Berglöwe).

werden konnten. Wenn wir uns aber besser ausgerüstet haben, um mehr zu beobachten, wollen wir alles im Druck herausbringen, zusammen mit den vierfüßigen Tieren, Fischen, Bäumen, Sträuchern und Pflanzen.

Es finden sich auch Papageien, Habichte, Schmerle[41], die wir jedoch nicht probiert haben: Ich wollte sie aber aus einem anderen Grund erwähnt haben.

Von Fischen

In vier Monaten des Jahres, nämlich im Hornung[42], im März, April und Mai, findet man Störe und Heringe (von denen einige so groß wie die unsrigen sind, der größte Teil aber viel größer ist, nämlich bis zu 18 oder 20 Daumen, gelegentlich auch bis zwei Schuh oder darüber) in sehr großer Zahl; in diesen Monaten sollen sie am besten sein: Wir haben sie als sehr wohlschmeckend kennengelernt.

Es hat die Landschaft auch Forellen, Rochen, Groppen[43], Schollen, Meerschweine[44] (eine Art von Delphin) und viele andere Fische von sehr angenehmem Geschmack, die wir gefangen und gegessen haben, deren Namen mir nur in virginischer Sprache bekannt sind. Zudem haben wir von zwölf verschiedenen Fischen Bilder, die dort gezeichnet wurden, und ihre Namen.

Die Wilden haben zwei Arten zu fischen: die eine mit aus

[41] Schmerl – eine Falkenart.

[42] Hornung – Februar.

[43] Groppe – Kaulkopf (Cottus gobio); ein bis zu 15 cm langer, sehr schleimiger Fisch der Familie der Panzerwangen.

[44] Meerschwein – Der auch als Meerschwein bezeichnete kleine Tümmler oder Braunfisch (Phocaena phocaena) ist einer der bekanntesten und häufigsten Schweinswale. Das Tier ist im gesamten Nordatlantik verbreitet und erreicht eine Größe von 1,5 bis 2 m.

Rohr, das dort etwas stärker ist, gemachten Fischreusen. Die andere ist sehr merkwürdig und ungewöhnlich, nämlich mit spitzen Stöcken, die sie auf die Fische schleudern (wie Irländer ihre Pfeile); und sie bewegen das Boot mit Rudern fort oder gehen im flachen Wasser zu Fuß. Sie haben auch an vielen Stellen in großen Mengen folgende Arten: Meerkrebse, denen gleich, die in England gefangen werden; verschiedene Austern: große, kleine, runde, lange, die man im Meer oder in den Seen findet: Die aber in dem Meer gefangen wurden, schmeckten viel angenehmer als die anderen. Item Muscheln, Meerschnecken und Krebse.

Seekanauk[45] ist einer von den Fischen, die harte Schalen haben, und ist ungefähr einen Schuh groß. Er hat einen von Schuppen bedeckten Schwanz und viele Füße wie ein Krebs und die Augen auf dem Rücken; er schmeckt gut. Man findet ihn an den Stellen, die von dem Meerwasser bedeckt sind und gelegentlich an dem Ufer des Meeres. Man findet im Wasser und an Land viele mit einer harten Schale bedeckte Schildkröten: Der Kopf, die Füße und der Schwanz erscheinen gleich denen einer Schlange oder eines sonstigen giftigen Tieres; aber der Mensch kann sie gut essen wie auch ihre Eier: Es sind einige von der Größe einer Elle oder größer gefunden worden.

Dies ist es nun, was ich euch von der Nahrung zu schreiben hatte, von der wir uns, so lange wir in der Landschaft Virginia blieben, ernährt haben, und von der auch die Wilden leben, soweit ich es gesehen und in Erinnerung behalten habe und es mir geeignet erschien, davon zu schreiben.

[45] Seekanauk – Gemeint ist die Königskrabbe.

DER DRITTE UND LETZTE TEIL

VON ANDEREN DINGEN, DIE DIEJENIGEN, DIE IN VIRGINIA WOHNEN WOLLEN, WISSEN MÜSSEN. ITEM EINE KURZE BESCHREIBUNG DER WESENSART UND DER SITTEN DER WILDEN DIESER LANDSCHAFT.

Von der Beschaffenheit der Dinge, die zum Bauhandwerk und anderen Handwerken gehören.

Was noch zu erklären übrig ist, betrifft das Bauhandwerk und andere Dinge, die durch Handarbeit hergestellt werden, als da sind verschiedene Arten von Bäumen, die für Gebäude, Schiffe und andere Bauwerke tauglich sind: desgleichen Kalk, Steine und Ziegel. Denn wenn ich diese drei letzten Stoffe nicht erwähnt hätte, könnte jemand Zweifel daran haben, ob sie dort auch gefunden würden, mißgünstige Leute es verneinen.

Schöne, gerade, hohe und als Bauholz sehr taugliche Eichen finden sich sehr viele und an verschiedenen Stellen, sehr dick und groß.

Eine große Anzahl von Nußbäumen, wie eben berichtet, von denen wir einige gesehen haben, die achtzig Schuh hoch, gerade und ohne Knorren waren, sehr brauchbar, um Tischlererzeugnisse, vier oder fünf Ellen hoch, daraus zu machen. Tannen, groß und hoch, um Schiffsmasten daraus zu machen.

Rakiock, so von den Wilden genannt, ist ein Baum, aus dem etliche Erzeugnisse leicht gemacht werden können: Aus diesem macht der größte Teil der Wilden ihre Fischerboote, die wie Mehl- oder Schweinetröge gestaltet sind, wozu sie nichts anderes als Feuer, eine Steinaxt und eine harte Muschelschale brauchen. Wir haben gelegentlich diese Boote von einer solchen Größe gesehen, daß in ihnen zwanzig Mann mit ihren Bündeln und sonstigem Gepäck fahren könnten. Da aber diese Bäume groß, hoch, gerade und von weicher und leichter stofflicher Beschaffenheit sind, glaube ich, daß sie gut dafür sein werden, um Schiffsmasten und andere

Dinge daraus zu machen. Der Zedernbaum ist ein weiches Holz und geeignet, um Schenktische, Kästen, Truhen, Bettkästen, Lautenböden, Zithern und anderes mehr herzustellen.

Einige von den Unsrigen, die zu einigen Orten gegangen sind, wo ich nicht gewesen bin, sagten, sie hätten auch Zypressenbäume[46] gesehen, deren Holz zu solchen Dingen besonders gut brauchbar ist und hoch geschätzt wird.

Haselstauden, aus denen sie ihre Bögen machen.

Walddisteln, die zum Vogelleim gehören.

Weiden, um nach englischer Art Binsenkörbe und Fischreusen daraus zu machen, obwohl die Wilden nur Rohr verwenden, das aufgrund seiner Festigkeit und Zähigkeit dazu sehr geeignet ist.

Buchen und Eschenbäume, dazu tauglich, um Eimer daraus zu machen: Man kann auch Pflüge und viele andere Dinge daraus machen. Item Ulmenbäume und Sassafras.

Ascopo ist ein Baum, dem Lorbeerbaum gleich, dessen Rinde von heißer Natur und beißend ist. Er sieht dem, der in Indien wächst und von Doktor Monardes Zimtröhre[47] genannt wird, sehr ähnlich.

Es hat die Landschaft noch viele andere Arten fremdartiger Bäume, deren Namen mir nur in virginischer Sprache bekannt sind, weshalb ich auch mit deren Aufzählung nicht lästig werden will, zumal viele, die für das Bauen brauchbar sind, beschrieben worden sind. Allerdings sind die meisten unerwähnt geblieben, die ohne Zweifel zu vielen Arbeiten verwandt werden könnten.

[46] Zypressenbäume – Echte Zypressen kommen in Nordamerika nicht vor; die hier wachsende Sumpf- oder Wasserzypresse ist kein immergrüner Baum.

[47] Zimtröhre – Im englischen Originaltext steht »Cassia Lignea«. Der bereits genannte Doktor Monardes schreibt an dieser Stelle seines Werkes von dem Aufguß der aus dem »Lignum Vitae« (= Gujakbaum) hergestellt wird und damals, wie schon erwähnt, als Mittel gegen die Syphilis verwandt wurde.

Jetzt wollen wir von Steinen, Ziegelsteinen und Kalk reden. An dem Ufer des Meeres, das sich nahe bei unserem Aufenthalt befindet, haben wir keine Steine gefunden (nur vier Meilen davon entfernt kleine Steinchen und Kieselsteine), mit Ausnahme derjenigen, die von fern aus der Landschaft hergebracht worden sind. Auf einigen unserer Fahrten haben wir verschiedene harte Steine und große Kieselsteine und eine besondere Art von Felsen, dem Marmor ähnlich, gesehen, aus dem die Wilden Äxte machen, um damit Holz zu spalten. Jedoch haben wir durch eifriges Nachforschen eine große Zahl vieler Arten von Steinen im Inneren der Landschaft entdeckt. Diese Steinbrüche kennen die Wilden nicht: Denn da sie ihrer nicht bedürfen, haben sie auch nicht das Verlangen, danach zu suchen, denn sie sind zufrieden, in jedem Haus einen oder zwei (Steine) zu haben, um damit Nüsse aufzubrechen, Schalen zu zerschlagen, Erz und ihre Äxte damit zu schärfen. Sie beschäftigen sich auch nicht mit Graben, sondern machen nur kleine, etwa drei Schuh tiefe Gruben: Weshalb es kein Wunder ist, daß sie von keinem Steinbruch noch von einer Kalkgrube etwas wissen, die vielleicht näher bei ihnen sind, als sie selbst glauben. In der Zwischenzeit, bis man diese und andere notwendige Dinge in großem Überfluß findet, könnt ihr, die ihr diese Landschaft bewohnen werdet, an dieser Stätte Ziegelsteine verwenden, für die an verschiedenen Stellen dieses Landes viel zäher Letten[48] gefunden wird: Item aus Austern und anderen verbrannten Schalen nach der Art und Weise derjenigen, die auf den Inseln Thanet und Sheppey[49] und an anderen Orten in England wohnen, gemachter Kalk: Denn solcher Kalk ist als ein guter festgestellt worden. Man findet die Austernschalen

[48] Letten – bunter Schieferton.

[49] Isles of Thanet and Sheppey – zwei Bezirke an der Küste der südöstlichen englischen Grafschaft Kent.

an vielen Stellen dieser Landschaft in großer Zahl. Überdies mündet an dem Ufer des Meeres ein Gewässer, das viele Meilen lang und drei oder vier breit ist, dessen Boden einen halben oder höchstens einen ganzen Schuh hoch mit Wasser bedeckt ist. Von den Steinen habe ich noch dieses zu berichten, daß einer vom Adel aus unserer Gesellschaft etwa 120 Meilen von unserer Befestigung entfernt an der Seite eines Berges, nahe am Wasser, eine große Ader eines sehr harten Gesteins angetroffen hat.

Von der Wesensart und den Sitten der Wilden

Nun ist zum Schluß kurz etwas von der angeborenen Wesensart und den Sitten der Wilden[50] zu berichten, da wir über diesen Gegenstand zu einem anderen Zeitpunkt ausführlicher schreiben wollen: Jetzt will ich euch nur mitteilen, daß wir, die da wohnen werden, mit keiner Gefahr noch Feindseligkeit von ihrer Seite zu rechnen haben, sondern sie werden uns vielmehr fürchten und verehren.

Mitten um den Körper legen sie einen aus Hirschhaut gemachten einfachen Mantel; ansonsten sind sie völlig nackt. Hinsichtlich der Größe sind sie einander nicht gleich, wie auch wir in England. Sie haben überhaupt keine Waffen aus Eisen oder Stahl, um uns einen Schaden zuzufügen; sie wissen auch nicht, wie man diese herstellen soll: Ihre Waffen sind nur Bögen aus Haselstauden und Pfeile aus Rohr; außerdem hölzerne, flache Keulen, eine Elle lang. Um den Körper zu schützen, haben sie nur aus Baumrinden gemachte Schilde und eine Rüstung aus Stöcken, die mit Fäden untereinander verbunden sind.

[50] Wilden – Die Ureinwohner dieses in dem heutigen US-Bundesstaat North Carolina gelegenen Gebietes werden von der Ethnologie zu der Kultur der Algonkin-Indianer gerechnet.

Ihre Städte sind klein, wenige und liegen nahe am Meer. Einige von ihnen haben zehn oder zwölf Häuser, einige zwanzig: Die größten, die wir gesehen haben, waren nicht über dreißig Häuser groß. Die Mauern sind aus Rinden gemacht, die von Pfählen gehalten werden, oder nur aus Pfählen, die dicht nebeneinander in die Erde gesteckt sind.

Die Häuser werden aus Stangen gebaut, die oben herumgebogen und auf dieselbe Art zusammengefügt sind, wie man die gewölbten Laubengänge in englischen Gärten zu machen pflegt: In vielen Städten sind sie von dem obersten Teil des Hauses bis ganz unten hin mit Rinde bedeckt, in einigen aber mit Matten, die meistens aus Binsen geflochten werden. Sie sind gewöhnlich zweimal so lang wie sie breit sind, gelegentlich 12 und 16 englische Ellen, obwohl wir einige gesehen haben, deren Länge etwa 24 englische Ellen erreicht hat.

In einigen Gegenden hat der *Weroans* oder Fürst nur eine Stadt unter seiner Herrschaft, anderswo zwei oder drei, manchmal auch sechs, acht oder mehr: Der mächtigste, mit dem wir zu tun hatten, hatte nicht mehr als achtzehn unter seiner Herrschaft, aus denen er höchstens sieben- oder achthundert Krieger zusammenbringen könnte.

Jede hat ihre besondere Art zu sprechen, und je weiter sie voneinander entfernt wohnen, desto unterschiedlicher sprechen sie auch.

Ihre Kriege beginnen sie mit plötzlichem Einfallen und gewöhnlich gegen Abend oder bei Mondschein, auch durch Auflauern oder Hinterhalt, item mit schneller Kriegslist. Sie liefern selten einander eine Feldschlacht, es sei denn, daß eine große Anzahl von Bäumen da wäre, hinter denen sich beide Parteien nach dem Losstürmen verstecken könnten. Wenn ein Krieg zwischen uns und ihnen entstände, kann jeder leicht ermessen, was er für einen Ausgang nehmen würde, da wir sie in so vielen Dingen übertreffen, wie in der Kriegsführung, den Waffen und der Rüstung. Das hat auch die Erfahrung selbst ergeben, die an einigen Orten gemacht worden ist, wo ihre beste Waffe gewesen ist, rasch die Flucht zu ergreifen.

Das gewöhnliche Volk ist im Vergleich zu uns sehr armselig, denn es weiß so wenig von unseren Dingen, daß sie unsere unbedeutenden, kleinen Handelswaren höher als andere Dinge schätzen, die von großem Wert sind. Jedoch, wenn man hinsichtlich der Handwerksarbeit ihren Mangel mit unserem Überfluß vergleicht, wird man sie als sehr geschickt und klug erachten müssen, da sie weder derartige Werkzeuge haben, die es bei uns gibt, noch es hinsichtlich des Wissens oder der Geschicklichkeit uns nachtun können. Deshalb, wenn man alles sorgfältig betrachtet, wird man feststellen, daß unsere Kenntnisse ihre Geschicklichkeit weit übertreffen und mit weniger Mühe in Werke umgesetzt werden. Deshalb ist es um so glaubhafter, daß sie unsere Freundschaft und unser Wohlwollen sehr begehren und sehr bereit sein werden, uns willfährig zu sein. Daher besteht gute Hoffnung, daß sie, wenn man sich freundlich ihnen gegenüber zeigt, zu einem ehrbaren Lebenswandel und zur Erkenntnis des wahren Glaubens gebracht werden können: Da sie schon einen Glauben haben und obwohl der nicht der rechte ist, er sei wie er will, so ist zu hoffen, daß sie um so leichter bekehrt werden können. Sie glauben an viele Götter (von ihnen *Montoac*[51] genannt), die jedoch nicht dasselbe Aussehen und dieselbe Macht haben: Nur einen halten sie für den vornehmsten und größten Gott, der von Ewigkeit an da gewesen sei. Als dieser (wie sie angeben und glauben) die Welt erschaffen wollte, hat er am Anfang andere Götter, ebenfalls aus den Vornehmsten, erschaffen, um sie als Mittel und Werkzeuge sowohl zur Schöpfung als auch zur Herrschaft zu verwenden; danach

[51] Montoac – Der übliche Ausdruck in den Algonkin-Dialekten für das übernatürliche, höchste Wesen ist jedoch »Manito«.

Sonne, Mond und andere Sterne, auch als Halbgötter und Werkzeuge der anderen obersten Heerscharen. Und sie glauben, daß als erstes das Wasser erschaffen worden sei, aus dem die Götter alle sichtbaren und unsichtbaren Kreaturen geschaffen haben. Was die Entstehung des Menschen betrifft, sagen sie, daß die Frau zuerst erschaffen worden sei, die [dann] von einem der Götter geschwängert worden sei und so Kinder hervorgebracht habe. Dies, so glauben sie, sei ihre Herkunft. Wie viele Jahre aber seitdem verflossen sind, wissen sie nicht, denn sie kennen keine Mittel noch die Schrift, solche Dinge aufzuzeichnen: sondern das, was sie wissen, haben sie von ihren Eltern und Ureltern gehört.

Das Volk glaubt auch, daß alle Götter menschliche Gestalt haben, weshalb es Bildnisse von ihnen in menschlicher Gestalt zu machen und *Kewasowock* zu nennen pflegt, mit Ausnahme von einem, das *Kewas* genannt wird. Sie weihen ihnen eigene Kirchen, die *Machicomuck* heißen, in denen sie beten, singen und viele Tage opfern. In einigen Kirchen haben wir nur einen *Kewas* gesehen, in anderen zwei, gelegentlich drei, die auch das gemeine Volk für Götter hält.

Sie glauben auch, daß die Seele unsterblich ist und, sobald sie vom Körper scheide, werde sie nach den Taten, die sie in diesem Leben getan haben, entweder zu Gott in die ewige Seligkeit geführt, oder in eine große Grube (die nach ihrer Meinung weit weg am Ende der Welt im Westen liegt) in das ewige Feuer geworfen. Diesen Ort nennen sie *Popogusso*. Um diesen Irrglauben als wahr zu erweisen, haben sie mir zwei Beispiele von Männern erzählt, die nach ihrem Tod wieder lebendig geworden sind. Das eine hatte sich wenige Jahre vor unserer Ankunft mit einem ruchlosen Mann zugetragen: Denn als dieser nach dem Tod begraben worden war, hat an dem nächsten Tag die Erde dort, wo er lag, angefangen sich zu bewegen; und nachdem man ihn wieder ausgegraben hatte, berichtete er, wie seine Seele beinahe in den Ort

Popogusso verstoßen worden wäre, wenn nicht einer der Götter sie errettet und ihm die Macht gegeben hätte, wieder zu den Seinigen zu gehen und sie zu lehren, durch welche Werke sie einer solchen Strafe entgehen könnten. Das zweite ereignete sich in demselben Jahr, in dem wir ankamen, in einer sechzig Meilen von unserer Befestigung entfernten Stadt und hat sich folgendermaßen zugetragen: Ein Mann, der nach seinem Tod zur Erde bestattet worden war, wurde wie der vorige wieder ausgegraben und berichtete, wie seine Seele lebte, obwohl der Körper im Grab lag: Sie sei weit über einen langen und breiten Weg gegangen, der auf beiden Seiten mit schönen Bäumen bestanden war, die so schöne und ungewöhnliche Früchte getragen hätten, die er weder je gesehen habe, noch mit Worten beschreiben könne. Schließlich sei er zu einem stattlichen Haus gekommen, in dessen Nähe er seinen Vater gefunden habe, der schon früher gestorben war. Der habe ihm ausdrücklich befohlen, er solle die Seinigen wieder aufsuchen und ihnen berichten, was für ein Leben sie führen sollten, damit auch sie an der Wonne und Freude dieses Ortes teilhaben könnten; und wenn er das getan habe, solle er wieder zu ihm kommen.

Obwohl die großen Herren und Priester einen sehr scharfen Verstand besitzen, ist doch der Großteil des gemeinen Volkes von einer solchen geistigen Haltung, daß sie auch ihre Obrigkeit noch mehr verehren und sich ihren Arbeiten noch eifriger widmen, damit sie den Qualen nach dem Tod entkommen und zur Seligkeit gelangen können. Jedoch werden die Vergehen wie Diebstahl, Ehebruch und andere unrechtliche Sachen nichtsdestoweniger bestraft: Denn einige werden an ihrem Leben, einige an ihrem Gut gestraft, einige werden entsprechend der Art ihres Vergehens geschlagen.

Dies ist die Summe und der Inhalt ihrer Religion, die ich von einigen ihrer Priester, mit denen ich bekannt war, erfahren habe: In der sie jedoch nicht so unbeirrbar waren, daß sie nicht aufgrund unserer Freundschaft und Reden, die bisweilen über die Religion geschahen, an ihren Glaubensartikeln stark zu zweifeln begannen und über die unsrigen sehr staunten und auch so sehr entflammt wurden, mehr zu erfahren, als wir ihnen in ihrer Sprache erklären konnten.

Sie haben viele Dinge bei uns gesehen, wie Meßinstrumente, Kompaß, den Magneten, der Eisen anzieht, Gläser verschiedener Formen, Brenngläser, Feuerwerkskörper, Büchsenrohre, Bücher, Schrift, schlagende Uhren, die nach ihrer Meinung von selbst gingen, und andere Kunstwerke mehr, die ihren Verstand weit übersteigen, so daß sie es nicht ergründen konnten, wie sie hergestellt würden: Deshalb hielten sie diese mehr für göttliche als menschliche oder für von den Göttern uns geschenkte oder gezeigte Werke. Daher hatten sie auch eine so hohe Meinung von uns, daß viele unter ihnen, wenn sie glaubten, nicht die richtige Religion zu haben, in Glaubensdingen lieber von uns Belehrung empfingen als von dem ungebildeten, unvernünftigen Volk, als das sie sich uns gegenüber betrachteten. Deshalb schenkten sie uns in dieser Sache größeren Glauben.

Ich habe ihnen öfters in ihren Städten, wohin ich kam, entsprechend meiner geistigen Fähigkeit und den Zeitumständen, erklärt, was in der heiligen Bibel geschrieben steht, nämlich, es werde gelehrt, daß es einen einzigen wahren Gott gebe und seine Allmacht in seinen Werken sei; es sei darin auch der Weg zur Seligkeit, Jesus Christus, enthalten: Danach erzählte ich ihnen von allen Wundern und den wichtigsten Hauptpunkten unserer christlichen Religion. Außerdem erklärte ich ihnen, daß dieses Buch aus Papier oder anderem Material aus sich selbst keine Kraft habe, wie sie vielleicht meinen könnten, sondern vielmehr die habe, die darin geoffenbart werde. Jedoch wollte eine große Zahl es in die Hand nehmen, küssen, an die Brust, den Kopf und andere Teile ihres Körpers drücken, um ihr großes Verlangen anzuzeigen, das sie empfanden, die Lehre, die ich ihnen vorgetragen hatte, zu lernen.

Der *Weroans* oder Fürst, bei dem wir wohnten, hieß Wingina; der größte Teil seiner Untertanen war gerne um uns, damit sie bei unserem Beten dabei waren. Sie luden uns oft in ihre Stadt ein und führten uns gelegentlich in andere Städte, um dort Gebetsversammlungen abzuhalten und Psalmen zu singen; so hofften sie, die Dinge zu erhalten, um die wir beteten.

Dieser *Weroans* lag zweimal sehr schwer krank darnieder. Da er nun so schwach war und keine Hilfe mehr von seinen Priestern zu erwarten hatte, glaubte er, der Grund für diese Schwachheit sei der, daß er uns beleidigt und sich an unserem Gott versündigt habe. Deshalb schickte er nach einigen von uns und ersuchte sie, sie sollten Gott bitten, daß er nach seinem gnädigen Willen entweder dieses Leiden von ihm nehme oder ihn durch den Tod zu sich in die ewige Seligkeit abberufe. Dies verlangten auch viele andere Kranke von uns.

Einmal, als ihnen ihr Korn in Folge einer Dürre, die plötzlich eingetreten war, zu verderben begann, befürchteten sie, es könnte wegen eines Unrechts geschehen sein, das sie uns zugefügt hätten. Deshalb kam eine große Anzahl zu uns und bat uns, wir sollten unseren englischen Gott anrufen, er möge ihre Saat beschützen mit Rücksicht darauf, daß sie uns daran teilhaben lassen wollten.

Es gibt keine Krankheit, kein Unglück, die ihnen alsbald geschahen, deren Ursache sie nicht dahin auslegten, daß sie sich entweder an uns vergriffen oder uns keine Freundlichkeit erwiesen hätten.

Ich will aber noch eine andere Sache von mir geben und zum Schluß einen bedeutenden und erstaunlichen Vorfall erzählen.

Es gibt keine Stadt, in der sie heimliche Machenschaften gegen uns unternommen haben (ungeachtet der Tatsache, daß wir keine Rache suchten, da wir stets darauf bedacht waren, sie mit Güte zu unserer Freundschaft zu bringen) und ungestraft blieben, da nur wenige Tage nach unserem Weggang viele von dem Volk gestorben sind, gelegentlich zwölf in einer Stadt; was wahrlich, da die Landschaft nicht sehr volkreich ist, eine große Anzahl ist. Dies geschah aber, wie wir erfahren haben, nirgendwo anders als nur in den Städten, wo wir gewesen waren und die Wilden beschlossen hatten, auf hinterlistige Weise etwas gegen uns zu unternehmen, und immer nach unserem Weggang. Diese schwere Krankheit ist von uns und besonders den Wilden beobachtet worden, die überdies weder deren Wesen kannten noch wußten, mit welcher Arznei sie vertrieben werden könnte: Es sagten auch die alten Leute, daß sie noch nie eine solche Krankheit erlebt hätten. Daher glaubten einige von unseren Freunden, besonders aber der *Weroans* Wingina, als sie sahen, daß in vier oder fünf Städten, die heimliche Machenschaften gegen uns betrieben hatten, um uns Schaden zuzufügen, daraufhin diese Krankheit dort ausgebrochen war, ganz fest, es sei eine unseretwegen verhängte Strafe Gottes, und daß wir durch Gottes Willen ohne irgendeine Waffe auch in unserer Abwesenheit umbringen könnten, wen wir wollten.[52] Aus diesem Grund fürchteten sie, als sie gewahr wurden, daß wir von einigen ihrer Feinde auf unserer Fahrt übel empfangen worden waren, wir uns aber nicht an ihnen gerächt hatten, obwohl wir mit Waffen gut ausgerüstet waren, daß dies ihnen zum Nachteil gereichen könnte. Sie baten uns [daher], wir sollten mit

[52] umbringen könnten, wen wir wollten – Der historische Sachverhalt, daß die indianischen Ureinwohner hier wie auch anderswo in Amerika durch die von den Europäern eingeschleppten Krankheiten weggerafft wurden, ist aber medizinisch erklärbar. Der Grund war nämlich, wie man heute weiß, daß die Indianer gegen die bei ihnen gänzlich unbekannten Krankheiten – anders als die Europäer – auch keinerlei Abwehrstoffe in ihrem Organismus entwickelt hatten bzw. besaßen. Die Europäer konnten seinerzeit nur mit Erstaunen die Tatsache feststellen, daß die Indianer

unserem Gott verhandeln, daß er diese durch Krankheit töte, wie er es mit den anderen getan habe, die uns Schaden angetan hatten: Dieses würde nämlich uns und auch ihnen zu großer Ehre und zu großem Nutzen gereichen. Auf diese Weise hofften sie, wir würden das aus Freundschaft ihnen zu Gefallen tun.

Wir aber tadelten sie, daß solche Bitten Gott nicht wohlgefällig seien, denn er wolle sich nicht auf derartige Bitten einlassen: Es könne zwar alles geschehen, aber nach seinem Willen. Damit wir durch die Tat bewiesen, daß wir ihn wahrhaftig verehrten, sollten wir vielmehr das Gegenteil von ihm erbitten, nämlich, daß wir und sie mit ihnen in ungestörter Ruhe leben möchten. Damit wir seiner Wahrheit teilhaftig würden und ihm in aller Gerechtigkeit dienten, wollten wir die besagte und andere Sachen seinem göttlichen Willen und seiner Weisheit anheimstellen.

Da aber die Sache ihrer Bitte entsprechend ihren Fortgang genommen hatte, haben sie es unserem Gebet zugeschrieben und gemeint, unser Tadel sei uns nicht von Herzen gekommen: Daher haben sie uns nach ihrer Sitte Dank gesagt, denn obwohl wir ihnen nicht durch Versprechen Genüge getan hätten, wäre doch ihrem Wunsch durch die Tat Genüge getan worden.

Durch dieses wundersame Geschehen haben wir bei den Wilden ein solches Ansehen bekommen, daß einige Völker nicht wußten, was sie von uns sagen oder denken sollten, ob wir Götter oder Menschen wären: Insbesondere, da sie er-

u. a. an für Europäer völlig harmlos verlaufenden Krankheiten, wie z. B. auch an den in Europa verbreiteten typischen Kinderkrankheiten, massenweise starben. In diesem Fall dürfte es sich um die Masern oder auch eine ganz gewöhnliche Erkältungskrankheit gehandelt haben; allerdings können es auch die Blattern gewesen sein (siehe zu diesem Phänomen allgemein William H. McNeill: Seuchen machen Geschichte. Geißeln der Völker. München 1978, bes. S. 225-243).

fahren hatten, daß während der ganzen Zeit dieser Krankheit keiner von uns gestorben oder schwer krank gewesen war: Sie sahen auch, daß wir keine Frauen hatten und doch nicht ihre Ehefrauen begehrten. Daher schlossen dann einige, wir seien nicht von Frauen geboren und deshalb unsterblich, sondern wir seien von einem alten, vor vielen hundert Jahren geborenen und zur Unsterblichkeit erweckten Geschlecht.

Einige prophezeiten, es würden andere von unserem Geschlecht kommen, um sie zu erwürgen und ihre Städte einzunehmen: Und das entnahmen sie aus den Ereignissen, die sich zugetragen hatten.

Sie waren der Auffassung, daß diejenigen, die bald nach uns kommen würden, unsichtbar hoch in der Luft schweben und das Volk unseretwegen mit bleiernen, unsichtbaren Kugeln töten würden, die sie aus der Luft herabschössen. Und um dieses Hirngespinst zu beweisen, waren die Ärzte dieser Orte, um ihre Unkenntnis und Unwissenheit hinsichtlich der Krankheiten zu verbergen, so unverschämt, daß sie nicht nur vorgaben, sondern es dem einfachen Mann einredeten, sie saugten bleierne Kugeln aus den Adern der Patienten, die in sie hineingeschossen worden seien.

Es fanden sich auch einige, die glaubten, wir selbst würden das Volk aus unserem Aufenthaltsort heraus nach unserem Belieben mit Büchsen erschießen, die Leute seien in welcher Stadt sie wollten, wo uns Gewalt und Unrecht geschehen sei, auch wenn wir schon sehr weit entfernt wären.

Andere meinten, es sei wahrhaftig Gottes Wirken zu unserem Nutzen: Denen zuzustimmen, hatten wir wahrlich nicht geringe Ursache, obwohl einige, die mit dem Lauf des Himmels vertraut sind[53], aufgrund der Finsternis[54], die uns in dem

[53] die mit dem Lauf des Himmels vertraut sind – Gemeint sind die Astrologen.

[54] Finsternis – Eine Sonnenfinsternis war seinerzeit für den 19.4.1585 vor-

Jahr bevor wir dahin segelten, erschienen war und auch von ihnen mit großem Schrecken beobachtet worden war, das Gegenteil behaupteten: Item aufgrund eines Kometen[55] der kurz vor dem Ausbruch der erwähnten Krankheit erschienen war. Wir stimmen dem aber nicht zu, daß dies die wichtigsten Ursachen eines so großen Zufalls gewesen seien, sondern er hat viele wichtigere Ursachen gehabt, die jetzt zu erzählen sind.

Ich habe deshalb von diesen Auffassungen etwas ausführlicher berichtet, damit ihr sehen könnt, daß gute Hoffnung besteht, sie zu einem zivilisierten Leben und zur Erkenntnis von Gottes Wort zu bringen, auch uns zu verehren und zu füchten.

Allerdings haben aber einige aus unserer Gesellschaft ihnen Furcht einjagen wollen, indem sie einige aus dem Volk aus Anlässen umbrachten, die wohl hätten vermieden werden sollen: Doch da sie es verdient hatten, ist nicht zu fürchten, daß wir das Ansehen, das wir bei ihnen gewonnen haben, entweder bei allen oder einigen verlieren werden. Sie mögen sich verhalten, wie sie wollen, sofern wir vorsichtig sind, kann uns von ihnen nichts geschehen. Daher besteht nun hinsichtlich dieser und anderer Vorgänge eine gute Hoffnung: Oder, wenn es sich schon nicht glücklich entwickeln sollte, ist es die Landschaft aufgrund ihrer ganzen Beschaffenheit wohl wert, sie zu erkunden und zu erforschen.

ausberechnet worden (D. B. Quinn, Hrsg.: The Roanoke Voyages 1584-1590. Band 1. London 1955, S. 381).

[55] Kometen – Es ist lediglich eine Kometenerscheinung für das Jahr 1585 überliefert, die etwa einen Monat lang, nämlich von Mitte Oktober bis Mitte November, in der nördlichen Hemisphäre zu sehen war (D. B. Quinn, Hrsg.: The Roanoke Voyages 1584-1590. Band 1, London 1955, S. 381).

Schluß

Ich hoffe, ich habe euch bisher nicht unbedeutende Dinge noch eine kleine Anzahl von ihnen beschrieben, sondern eine Landschaft, die von städtischen und nicht ungebildeten Leuten als fruchtbar angesehen wird, selbst wenn nichts anderes als das, was schon gesehen worden ist, darin wäre. Das ist aber wahrhaftig nicht mit dem zu vergleichen, was noch im Hinblick auf den Boden und andere Verhältnisse zu entdekken ist, wie wir aus der Verschiedenartigkeit, die wir dort auf den Fahrten festgestellt haben, schließen können. Denn alles, das wir erzählt haben, ist nicht weit von dem Ufer des Meeres, wo wir unseren Aufenthaltsort hatten und wo wir auch gewöhnlich umhergezogen sind, wahrgenommen worden: Doch, wenn wir gelegentlich weiter in das Land hineingingen, sahen wir Bäume, die infolge der kleinen Zahl etwas dicker waren; item einen fetten Boden und besser bestellt, größere Pfifferlinge, ein frischeres Gras, so gut wie das englische: Desgleichen an einigen Stellen Steinwände und Felsen, auch die Landschaft bergig, an Früchten und Tieren reicher und die Einwohner noch etwas freundschaftlicher, festere Herrschaftsgebiete und größere Gebäude.

Warum ziehen wir dann nicht zuversichtlich dorthin, um das Land auch im Inneren zu besehen, wie wir die andere Lage am Ufer des Meeres erkundet haben? Zumal dies auch die Spanier getan und das ganze Indien im Westen durchzogen haben. Ebenso hat auch Virginia im Inneren eine Ausdehnung von einigen hundert Meilen in der Länge und Breite und hat dort (wie uns die Wilden berichtet haben) noch kein christlicher Herrscher einen Teil bekommen. Daher ist es unmöglich, daß dort nicht herrliche Gegenden sind, die wir auf unseren Reisen noch nicht entdeckt haben. Ferner, was aufgrund des Breitenkreises zu erwarten ist, der dem der Insel Japan, dem Land China, Persien, Syrien, Italien, Südspanien und anderen berühmten Ländern entspricht: das lasse ich, damit ich nicht Langeweile errege, euch ausdenken.

Nun habt ihr ausführlich erfahren, daß die Luft dort zu jeder Jahreszeit gemäßigt ist, und zwar so, daß sie viel wärmer ist als in England und doch nie so heiß wie in den Gegenden, die direkt unter der Sonne[56] oder auch nicht weit davon liegen.

Was die Gesundheit der Natur dieses Landes betrifft, so kann ich nichts sagen, außer daß wir aus Mangel an Proviant und englischen Nahrungsmitteln uns von klarem Wasser und den Nahrungsmitteln dieser Landschaft (mit Ausnahme von zwanzig Tagen) ernährt haben, die uns gelegentlich so ungewohnt waren, daß man glauben könnte, wir wären aufgrund unserer Komplexion von schwerer Krankheit befallen worden: Man hat auch nicht die Hilfsmittel, wie man sie in England findet, die zum Fangen von Vögeln, vierfüßigen Tieren und Fischen erforderlich sind. Daher haben wir allein mit Hilfe der Wilden, doch genauso schnell und leicht und in derselben Fülle und mit demselben Belieben, Vorräte und Nahrung bekommen können, wie wir es hätten tun können, wenn wir alle erforderlichen Hilfsmittel nach Wunsch gehabt hätten. Wir hatten auch Mangel an Stoffen.

Überdies haben wir auf allen unseren Fahrten unser Nachtlager auf dem Boden unter dem freien Himmel gehabt. Nichtsdestoweniger sind aus unserer Schar (die hundertundacht Mann zählte) im Verlauf des Jahres nicht mehr als vier, fast am Ende der Fahrt, gestorben und nicht an den oben genannten Ursachen: Denn alle vier, besonders drei, litten an Leibeskrankheit, bevor sie in das Land kamen, so daß diejenigen, die um ihren Zustand und ihre Leibeskrankheit wußten, sich darüber wunderten, daß sie so lange am Leben blieben und sich auf diese Fahrt begeben hatten.

[56] unter der Sonne – am Äquator

Da nun eine so gesunde Luft da ist und solch fruchtbarer Boden und die oben geschilderten Annehmlichkeiten dort gefunden werden, auch die Schiffsüberfahrt dorthin so rasch ist, daß sie, wie die Erfahrung zeigt, zu jeder Jahreszeit zweimal durchgeführt werden kann: Zudem die Freigebigkeit des wohlgeborenen Herrn Walter Raleigh in der Austeilung der Äcker so gut bekannt ist (da er einem jeden Mann auf Lebenszeit fünfhundert Juchert[57] Land gegeben hat), ohne die vielen anderen Wohltaten, die er gütig erweist: meine ich, es sei kein Hinderungsgrund vorhanden, warum man bei der Durchführung dieses Unternehmens stillstehen oder gar völlig davon ablassen sollte. Nur möchte ich diejenigen, die nach Virginia segeln wollen, um sich dort niederzulassen, ermahnt haben, daß sie sich mit Lebensmittelvorräten und anderen Dingen für das erste Jahr ausreichend versorgen sollen, wie die es getan haben, die das letzte Mal dorthin gefahren sind: Sie sollen auch gehörigen Fleiß aufwenden, was sie leicht tun können. Wenn das geschieht, besteht kein Zweifel, daß sie das, was zur Ernährung noch nötig ist, in ausreichender Menge zusammenbringen können: Danach kann man eine gehörige Anzahl von Vieh hinbringen, wie es auch schon geschehen ist, von denen noch einige übrig sind. Ebenso können dort unsere Früchte, Wurzeln und Blattgewächse gepflanzt werden. Und alle wiederholt genannten Annehmlichkeiten können in kurzer Zeit zuwege gebracht werden, wovon beide Parteien, die damit handeln, großen Gewinn haben können. Dies ist der Nutzen meiner Mühe und Arbeit, den ich euch jetzt habe mitteilen wollen.

Von der Wesensart und den Gebräuchen der Wilden in Virginia, von der Zahl unserer Fahrten und ihren Umständen, von den Taten derjenigen, die den wohlgeborenen Herrn

[57] Juchert – Joch, ein altes Feldmaß.

Walter Raleigh in diese Landschaft begleitet haben[58] und besondere Ämter zu versehen hatten, von denen der größte Teil es wohl wert ist, daß ihre Namen durch Schriften als die ersten Erforscher dieser Landschaft gepriesen werden: Item von unserem obersten Befehlshaber zu dieser Zeit, Herrn Richard Grenville, und nach dessen Abschied, von unserem Kapitän Ralph Lane und anderen Befehlshabern unter seinem Kommando: von den Hauptleuten und Schiffskapitänen, deren Schiffahrten, die unternommen worden sind, um die Mannschaft hinzubringen: von dem obersten Befehlshaber und seinen Mitregenten, über diejenigen, die schon vorher dahin gebracht worden waren; auch von den vielen unerwarteten Geschehnissen und anderen Dingen habe ich ein besonderes Buch als Bericht geschrieben, das ich dann im Druck herausbringen will, wenn es mir geraten und passend erscheint.

So gebe ich deshalb meine Beschreibung eurem Wohlwollen und Verständnis anheim und erhoffe einen glücklichen Fortgang dieses begonnenen Werkes von demjenigen, der ohne zu irren dieses Vorhaben wie auch alles andere lenkt, regiert und führt: In dessen allmächtigen Schutz ich euch empfehle.

Datum in diesem Monat Hornung, im Jahr 1588.

[58] die den wohlgeborenen Herrn Walter Raleigh in diese Landschaft begleitet haben – Das ist entweder ein Irrtum oder nur im übertragenen Sinne gemeint. Tatsächlich hat Walter Raleigh keine der Virginia-Expeditionen begleitet; Königin Elisabeth I. hatte ihre Günstlinge gern um sich und Raleigh war damals ihr besonderer Favorit.

WAHRHEITSGETREUE ABBILDUNGEN
VON DER GESTALT UND DEN GEBRÄUCHEN
DER EINWOHNER

Wahrheitsgetreue Abbildungen von der Gestalt und den Gebräuchen der Einwohner derjenigen Landschaft in Amerika, die von den Engländern Virginia genannt worden ist, die auf Befehl des tapferen Herrn Walter Raleigh aus dem Ritterstand und Herrn über das Zinnbergwerk in Cornwall und Essex mit gnädigster Erlaubnis der unüberwindlichsten Königin von England u.s.w. Elisabeth, im Jahre 1585 ausgezogen sind, um die neue Landschaft zu erkunden.

Alles auf das sorgfältigste und kunstvollste von John White gemacht, der zu diesem Zweck im Jahre 1585 und 1588 in diese Landschaft geschickt worden ist: Und danach in Kupfer gestochen und erstmals im Druck herausgebracht von Theodor de Bry.

Verzeichnis

aller wichtigsten Punkte und Hauptabschnitte, die in diesem Teil des virginischen Berichtes, in dem von den Gebräuchen und Sitten der Wilden gehandelt wird, enthalten sind.

Dem geneigten Leser Glück und Heil.

Obwohl, freundlicher Leser, der Mensch aufgrund des Ungehorsams die Gaben, mit denen er bei der Schöpfung geschmückt worden ist, verloren hat, so ist er doch der Verständigkeit (durch die er sich lenken kann) und der Klugheit (durch die er sich alles ersinnen kann, was er benötigt) nicht beraubt. Von den Dingen aber, welche die Seligkeit betreffen, weiß er nichts zu sagen, wie man an diesen unzivilisierten Leuten, von denen in diesem Buch gehandelt wird, sehen kann. Denn obwohl sie nichts von Gott und seinem heiligen Wort wissen, auch keine Wissenschaft betrieben haben, übertreffen sie uns dennoch in vielen Dingen, wie in der Anständigkeit ihres Verhaltens und der Schärfe ihres Verstandes, weshalb sie so feine und schöne Dinge ohne irgendein eisernes oder sonstiges Werkzeug herzustellen wissen, daß es uns unglaublich erscheinen würde, wenn es die Engländer nicht selbst auf ihren Fahrten, die sie in deren Land unternommen haben, gesehen hätten.

Und da diese Sache so beschaffen ist, daß man sich darüber wundern muß, habe ich dir in diesem Buch deren Abbildung und deren Gestalt vorstellen wollen, worin ich dem Original gefolgt bin. Dieses Original habe ich von dem englischen Maler John White durch die Bemühungen des Herrn Richard Hakluyt aus Oxford[59], Prediger des göttlichen Wortes erhal-

[59] Herrn Richard Hakluyt aus Oxford – Der Geograph und Geistliche Richard Hakluyt d. J., ehemaliger Oxford-Student und später auch dort als Lehrender tätig, war einer der eifrigsten literarischen Propagandisten der englischen Expansion nach Übersee im Zeitalter Elisabeths I. Er selbst ist jedoch nie in Amerika/Virginia gewesen.

ten, der die Landschaft selbst gesehen und mir auch geraten hat, ich sollte dieses Buch im Druck herausbringen.

Der oben genannte White ist von der Durchlauchtigsten Königin von England in diese Landschaft nur zu dem Zweck entsandt worden, die Landschaft, die Gestalt der Einwohner, ihre Kleidung, die Art zu leben und ihre Sitten nach der Natur zu zeichnen, und das auf erhebliche Unkosten Herrn Walter Raleighs, der vom 1585. Jahr an bis zum Ende des 1588. Jahres viel aufgewandt hat, um diese Landschaft aufzusuchen und zu besehen.

Außerdem ist dieses Buch, das von dem Teil der Neuen Welt handelt, der von den Engländern Virginia genannt wurde, das erste, das ich veröffentliche, nachdem dies meine Freunde zur Erinnerung an die Dinge, die jüngst vollbracht wurden, von mir erbeten haben, ungeachtet der Tatsache, daß ich den Bericht von der Landschaft Florida in Arbeit habe. Der sollte billigerweise zuerst kommen, da die Landschaft Florida lange Zeit vorher, bevor die Landschaft Virginia von den Engländern entdeckt wurde, von den Franzosen gefunden worden ist. Ich bin aber ganz zuversichtlich, daß ich auch den Bericht von der Landschaft Florida in Kürze herausbringe, ein Bericht, der wahrhaftig so erstaunlich ist, daß ich glaube, daß nichts derartiges jemals zuvor gesehen oder gehört worden ist.

Ich habe sie beide in London bekommen und hier nach Frankfurt gebracht, wo ich mit meinen zwei Söhnen die Figuren auf das allersorgfältigste in Kupfer gestochen habe, da es eine Sache ist, an der nicht wenig gelegen ist. Was nun die Beschreibungen dieser beiden Landschaften anbelangt, so hat sie einer vom Adel, mein besonderer guter Freund, in gute französische Sprache gebracht und danach ins Lateinische übertragen.

Zum Schluß will ich dich, geneigter Leser, gebeten haben, daß du, wenn sich jemand unterstehen würde, diese meine

Kunstwerke nachzustechen (wie sich denn in diesen Zeiten einige von einer so schlechten Gesinnung finden, die sich aus der Mühe und Arbeit anderer Leute Gewinn verschaffen wollen), diesen Bildern keinen Glauben schenkst. Denn in meinen Bildnissen sind einige geheime Markierungen verborgen, die, wenn sie nicht auf die gehörige Weise bemerkt werden, eine große Verwirrung verursachen werden.

Gehab' dich wohl.

I.

Allgemeine Landkarte von Virginia.

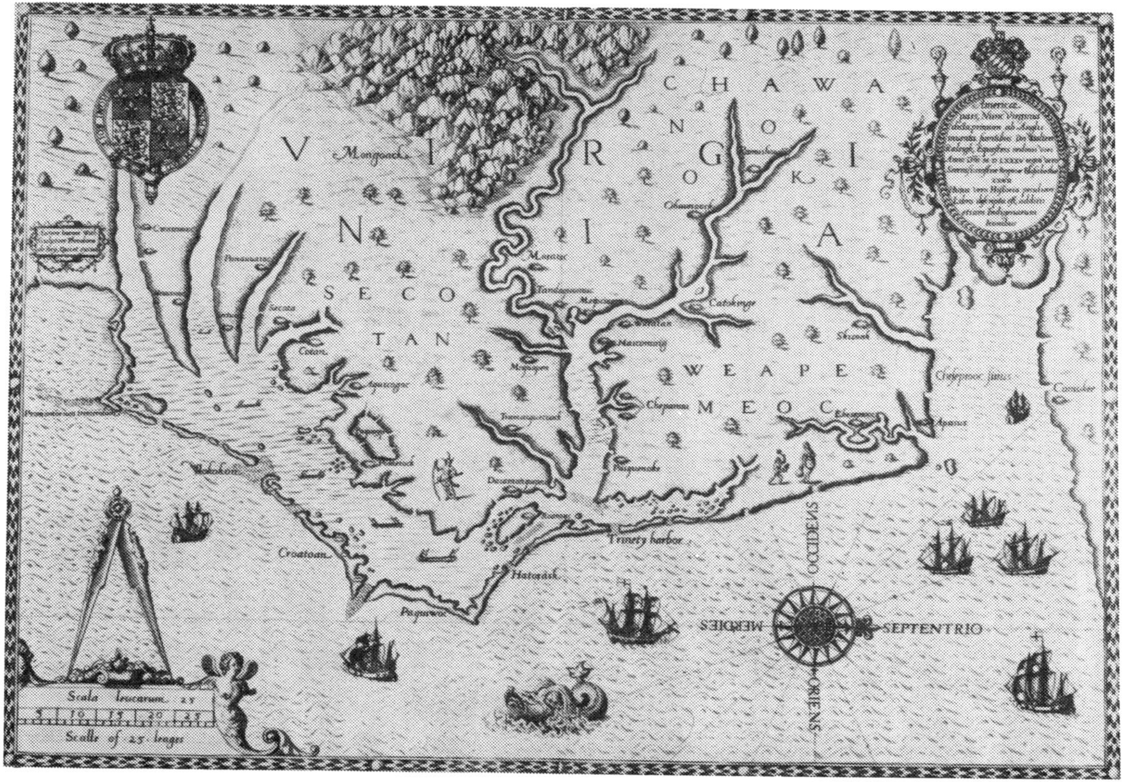
VIRGINIA
SECOTAN
WEAPEMEOC
Mongoack
Croatoan
Trinety harbor
Hatorask
Scala leucarum 25
5 10 15 20 25
Scalle of 25 leages
SEPTENTRIO
MERIDIES
OCCIDENS
ORIENS

II.

Von der Ankunft der Engländer in Virginia

Der Port oder Meereshafen der Landschaft Virginia ist voll von Inseln, die dort bewirken, daß man nur mit Mühe zu demselben kommen kann. Denn obwohl sie an vielen Stellen weit voneinander getrennt liegen, haben wir doch zu unserem großen Schaden erfahren, daß diese offenen Plätze voller Sandbänke sind. Deshalb haben wir so lange nie hineinkommen können, bis wir es an verschiedenen Stellen mit einem kleinen Schiff versucht haben. Schließlich haben wir an einer ausgezeichneten Stelle, die unseren Engländern gut bekannt ist, einen Durchlaß gefunden. Als wir nun hineingekommen und darin ununterbrochen eine Zeitlang gefahren waren, bemerkten wir einen großen Fluß, dessen Mündung sich gegenüber der Insel, von der wir berichtet haben, erstreckt. Da aber der Zugang zu diesem Fluß aufgrund des Sandes zu klein war, haben wir diesen verlassen und sind weitergefahren, bis wir zu einer großen Insel kamen, deren Einwohner, als sie uns bemerkten, sofort mit lauter und Schrekken einjagender Stimme zu schreien begannen, da sie nie zuvor einen Menschen wie uns gesehen hatten. Deshalb ergriffen sie auch die Flucht und erfüllten nicht anders als Wölfe und Leute, die den Verstand verloren haben, alles mit ihrem Geheul. Da wir ihnen aber freundlich nachgerufen und sie zu uns zurückgelockt, ihnen auch unsere Waren, als da sind Spiegel, Messer, Puppen und andere Güter von geringem Wert (von denen wir meinten, daß sie an ihnen Freude haben würden), hingestellt haben, sind sie stehengeblieben. Und als sie unseren guten Willen und unsere Freundschaft wahrnahmen, haben sie freundlich zu uns gesprochen und uns zu unserer Ankunft Glück gewünscht. Danach haben sie uns in ihre Stadt, *Roanoac* genannt, ja was noch mehr ist, zu ihrem *Weroans* oder Oberherrn geführt, der uns freundlich empfangen hat, obwohl er sich zuerst vor uns fürchtete. So ist es uns bei unserer ersten Ankunft in der neuen Welt ergangen, die wir Virginia nennen. Was nun die Einwohner dort für eine Körpergestalt, Kleidung, Art zu leben, Feste und Gastmahle haben, das will ich Stück für Stück wie folgt aufzeigen.

Von der ankunfft der Engellender in Virginia.

DJe Port oder Meerhafen der Landschafft Virginia ist voll Jnseln / die da verursachen / daß man gar beschwerlichen in dieselben kommen kan. Dann wiewol sie an vielen orten weit von einander gescheiden sind / vnd sich ansehen lässet / als solte man dadurch leichtlich können hinein kommen / so haben wir dannoch mit vnserm grossen schaden erfahren / daß dieselben offne Plätz voll Sandes sind. Deßwegen haben wir niemals können hinein kommen / biß so lang wir an vielen vnnd mancherley örtern mit einem kleinen Schiff die sach versucht haben. Zuletzt haben wir einen Paß gefunden / auff einem sonderlichen ort / der vnsern Engelländern wol bekannt ist. Als wir nun hinein kommen / vnd eine zeitlang darinn on vnterlaß geschifft hatten / sind wir eines grossen fliessenden Wassers gewar worden / dessen außgang gegen der Jnseln / von welcher wir gesagt haben / sich erstrecket. Dieweil aber der Jnngang zu demselbigẽ Wasser deß Sandes halben zu klein war / haben wir denselben verlassen / vñ seyn weiter fort geschifft / biß daß wir an eine grosse Jnseln kommen sind / deren Einwohner / nach dem sie vnser gewar worden / haben alsbald mit lauter vnd schrecklicher stimm zu ruffen angefangen / dieweil sie zuvor keine Menschen / die vns gleich weren / beschawet hatten. Deßwegen sie sich auch auff die Flucht begeben haben / vnnd nicht anders dann als Wölffe vnd vnsinnige Leut / alles mit jhrem heulen erfüllt. Da wir jhnen aber freundtlich nachgeruffen / vnd sie widerumb zu vns gelocket / auch jhnen vnsere Wahr / als da sind Spiegel / Messer / Puppen / vnd ander geringe Krämerey (an welchen wir vermeyneten sie einen lust haben solten) fürgestellt hatten / sind sie stehen bliebẽ. Vnd nach dem sie vnsern guten willen vnd freundtschafft gespürt / haben sie vns gute Wort geben / vnnd zu vnser ankunfft glück gewündschet. Darnach haben sie vns in jhre Statt / Roanoac genannt / ja daß noch mehr ist / zu jhrem Weroans oder Oberherrn geführet / der vns freundtlich empfangen hat / wiewol er erstlich sich ab vns entsetzte. Also ist es vns ergangẽ in vnser ersten ankunfft der newen Welt / so wir Virginiam nennen. Was nun für Leiber / Kleydung / art zu leben / Feste vnd Gastereyen die Einwohner daselbst haben / das wil ich stück für stück nach einander einem jeden vor die Augen stellen / wie nachfolget.

III.

Bildnis der Fürsten und Herren in Virginia.

Die großen und bedeutenden Herren in Virginia gehen in dieser Aufmachung, wie hier gedruckt, unter die Leute. Sie lassen das Haar ziemlich lang wachsen und binden es unter den Ohren zu einem Knoten zusammen. Oben aber lassen sie es abschneiden, von vorne bis hinten, wie einen Hahnenkamm. Danach befestigen sie über der Stirn, wo der Kamm anfängt, eine Feder eines Vogels von schöner Farbe und auf jeder Seite des Kopfes hinter den Ohren andere Federn, kürzer als die ersten. An die Ohren hängen sie entweder Perlen, die von beträchtlicher Größe sind, oder sonst etwas, wie Knochen eines großen Vogels, so wie es ihnen gerade in den Sinn kommt. Außerdem verzieren sie die Stirn, die Wangen, das Kinn, ja auch selbst den Körper, die Arme und Schenkel mit kleinen Punkten oder bemalen sie, allerdings in einer anderen Weise als die Bewohner der Landschaft Florida. Am Hals tragen sie eine aus Perlen oder kupfernen Kügelchen gemachte Kette, die sie sehr hoch schätzen; ebenfalls auch verzierte Armbänder. Unterhalb der Brust, dicht an dem Bauch an der Stelle, wo man ihnen die Adern zu schlagen pflegt[60], wenn sie krank werden, haben sie einige Markierungszeichen. An den vorderen Teil des Körpers binden sie die Haut eines wilden Tieres, die sehr fein und so gestaltet ist, daß der Schwanz ihnen am Hinterteil herabhängt. In der einen Hand tragen sie einen gespannten Bogen, in der anderen halten sie einen Pfeil, allzeit bereit, sich zu verteidigen. So schmücken sie sich, wenn sie entweder in den Krieg oder zu einem hohen Fest oder sonst zu einem großartigen Gastmahl gehen wollen. Sie haben großes Vergnügen an der Jagd auf Hirsche, von denen es in dem Land sehr viele gibt, denn es ist fruchtbar, angenehm und waldreich. In diesem gibt es auch fließende Gewässer in Überfluß, in denen man viele Arten von Fischen in großen Mengen findet. Wenn sie in den Krieg ziehen wollen, streichen sie ihren Körper mit einer Farbe so scheußlich an, wie sie nur können.

[60] wo man ihnen die Adern zu schlagen pflegt – wo man sie zu Ader zu lassen pflegt.

Der Fürsten vnd Herrn in Virgi= nia abcontrafeytung.

DJe grossen vnnd ansehenliche Herrn in Virginia gehen dieser gestallt/ wie allhie abgedruckt/ vnter die Leute. Sie lassen das Haar zimlich lang wachsen/ vnd binden sie vnter den Ohren in einen knauff zusammen. Oben aber lassen sie die abschneidẽ von vorn an biß hinden hinzu/ Hanenkam̃s weise. Darnach stecken sie vber die Stirn/ da der Kam̃ anfenget/ eine Federn eines Vogels von schöner Farbe/ vnnd auff einer jeden seiten deß Haupts hinder den Ohren andere Federn/ kürtzer als die vorige. An die Ohren hengen sie entweder Perlen/ die zimlicher grösse seind/ oder sonst etwas/ als eins grossen Vogels Fußbein/ gerade wie es jhnen in den sinn kompt. Ferrner die Stirn/ die Backen/ das Kin/ ja den Leib auch selbst/ die Arme vnd Schenckel/ stipffen oder bemahlen sie/ jedoch auff eine andere gestallt/ als die Einwohner der Florida. Am Halse tragen sie ein band von Perlen oder kupfferige knäufflein gemacht/ von welchem sie gar viel halten/ deßgleichen auch gezierdte Armbändel. Vnter der Brust/ hart am Bauche/ auff dem Platze/ da sie jhnen die Ädern pflegen zu schlagen lassen/ wann sie kranck werden/ haben sie etzliche mahlzeichen. An den fordersten theil deß Leibs binden sie eines wilden Thiers Haut/ gar hüpsch zubereitet/ solcher gestallt/ daß der schwantz jhnen am hindern herab hange. Zu dem tragen sie einen Pfeilköcher auß kleinen bintzen geflochten. In der einen Hand tragen sie einen gespañten Bogen/ in der andern haltẽ sie den Pfeil/ sich zu beschirmen alle bereit. Also schmücken sie sich/ wann sie entweder in Krieg/ oder auff ein hohes Fest/ oder sonst auff eine köstliche Gasterey gehen wöllen. Sie haben grossen lusten zur Jagt der Hirschen/ deren dann gar viel seind in dem Land/ dann es ist fruchtbar/ lustig/ vñ von vielen Wälden. So seind auch in denselben fliessende Wasser zum vberfluß/ darinn sich Fische mancherley art häuffig finden lassen. Wann sie in Krieg ziehen wöllen/ streichen sie jren Leib mit einer Farbe an/ auff das aller scheutzlichste sie immer können.

IV.

Eine vornehme Dame aus Secota.

Die secotischen Edelfrauen sind von recht hübscher Gestalt. Wenn sie unter die Leute gehen, dann halten sie ihre Arme kreuzweise übereinandergeschlagen. Sie sind vom Nabel an bis mitten auf die Hüfte und auch hinten mit einer Haut bekleidet, die auf das allerschönste zubereitet ist. Am übrigen Körper sind sie nackt. Die Haare vorn auf dem Kopf sind ihnen abgeschnitten, die anderen sind ziemlich kurz und stehen auch nicht eng beieinander und sind weich; die lassen sie ungeflochten über die Schultern hängen. Auf dem Kopf tragen sie ein Kränzchen. Die Stirn, die Wangen, das Kinn, die Arme und die Schenkel sind mit kleinen Punkten verziert. Am Hals tragen sie eine kunstvoll eingestochene oder aufgemalte Kette. Sie haben kleine Augen, flache und platte Nasen, eine kurze Stirn und einen breiten Mund. Die meisten hängen aus ziemlich langen Perlen oder einem polierten Knöchelchen gefertigte Ohrgehänge an ihre Ohren. Es sind aber ihre Nägel an den Fingern nicht so lang wie bei denjenigen, die auf der Insel Florida wohnen. Ihr Vergnügen ist es, in das Land hinauszuspazieren und sich an fließende Gewässer zu begeben, um das Jagen der Hirsche und das Fangen der Fische anzusehen.

Ein edel Weib auß Secota. IIII.

DJe Secotischen Edelweiber sind zimlich hüpscher gestallt. Wann sie vnter die Leut gehen/ alsdann halten sie jhre Arm creutzweiß vbereinander geschlagen. Sie sind bekleydet vom Nabel an biß mitten auff die Hüffte/ vnd hinden auch mit einer Haut/ die auffs aller schmuckste zubereit. Am vbrigen Leibe sind sie nackendt. Die Haar vorn auff dem Haupt sind jhnen abgeschnitten/ die andern sind jhnen zimlich kurtz/ stehen auch nicht dicke an einander/ vnd sind weich/ welche sie vngeflochten vber die Schultern hangen lassen. Auff dem Haupt tragen sie ein Kräntzlein. Die Stirn/ die Backen/ das Kien/ die Arme vnd Schenckel sind jhnen mit stipffelein gezieret. Am Halß tragen sie eine Kette künstlich durchstochen oder gemahlet. Sie haben kleine Augen/ blatte vnnd breite Nasen/ ein kurtze Stirn/ einen weiten Mund. Zum mehrern theil hangen sie ohrenbändel an die Ohren/ auß zimlich langen Perlen oder einem gebollierten beinlein gemacht. Es sind jhnen aber die Nägel an den Fingern so lang nicht/ wie denen so in der Insel Florida wohnen. Jhre lust ist/ daß sie hinauß auffs Feld spatzieren/ vnnd sich an fliessenden Wässern finden/ die Jagt der Hirschen/ vnd das fahen der Fische anzuschawen.

V.

Priester in Secota.

Die Priester dieser Stadt sind hohen Alters und, wie man sehen kann, erfahrene Leute. Auf dem Scheitel des Kopfes haben sie gleich wie die anderen die Haare in der Art und Weise abgeschnitten, daß es scheint, als ob sie einen Hahnenkamm darauf hätten. Die anderen Haare aber sind ihnen sehr kurz abgeschnitten, mit Ausnahme von denen, die sie über die Stirn wachsen lassen wollen, dem Rand eines schmalen Hutes ähnlich. Außerdem haben sie noch etwas an den Ohren hängen. Ferner tragen sie einen mit schönen Fellen besetzten Mantel, die Haarseite aber nach außen gekehrt. Am übrigen Teil des Körpers sind sie unbekleidet. Sie sind große Zauberer und haben ihren vergnüglichen Zeitvertreib darin, an fließende Gewässer zu gehen, um dort Enten, Schwäne und andere Vögel mit dem Bogen zu schießen.

Priester zu Secota. V.

DJe Priester derselbigen Statt Secota sind zimlichs alters / vnnd wie sichs ansehen lässet / erfahrne Leute. Auff der Scheitel deß Haupts haben sie / gleich wie auch die andern / die Haar dermassen abgeschnitten / daß es scheinet als hetten sie einen Hanenkam̃ darauff. Die andern Haar aber sind jhnen gar kurtz abgeschnitten / außgenommen die / so sie vber der Stirn lassen wachsen / einem rande eines scheinhuts gleichförmig. Vber diß haben sie auch noch etwas an den Ohren hängen. Ferrner tragen sie einen Mantel mit schönen Fellen vberzogen / das Haar aber außwerts gewendet. Am vbrigen theil deß Leibs sind sie bloß. Sie sind grosse Zauberer / vnnd haben jhre kurtzweil an fliessende Wasser zu gehen / allda wilde Enten / Schwanen / vnd andere Vögel mit Bogen zu schiessen.

VI.

Eine vornehme Jungfrau aus Secota.

Die vornehmen Jungfrauen sind in derselben Art gekleidet wie auch die verheirateten Frauen, derer wir oben gedacht haben, außer, daß sie anstelle eines Halsbandes runde Perlen, etwas größer als die gewöhnlichen, tragen, zwischen denen kleine kupferne Kügelchen oder blank polierte Knöchelchen eingestreut sind. Die Haare des Kopfes sind ihnen über der Stirn an zwei aneinanderstoßenden Stellen abgeschnitten, die übrigen pflegen sie hinter dem Kopf zusammenzuknoten; ihre Becken, Arme und Schenkel sind mit kleinen Punkten verziert. Sie haben einen großen Mund, die Augen sind überaus schön; die Hände legen sie gewöhnlich auf die Schultern und bedecken so zum Zeichen ihrer jungfräulichen Züchtigkeit ihre Brüste. Am übrigen Teil des Körpers sind sie, wie aus diesem Bild zu ersehen ist, nackt und unbekleidet. Sie haben auch ihr Vergnügen daran zuzusehen, wie man die Fische in den fließenden Gewässern fängt.

Ein edele Jungfraw auß Secota VI.

DIe edeln Jungfrawen sind eben auff dieselbige weise bekleydet/ gleich wie auch die Weiber/ deren wir oben gedacht haben/ außgenommen/ daß sie an statt eines Halßband ronde Perlen/ etwas grösser als die gemeinen sind/ am Halse tragen/ vnter welchen kleine küpfferige knäufflein/ oder außgebollierte knöchlein vermischet seyn. Die Haare deß Haupts sind jhnen vber der Stirn auff zweyen an einander stossenden plätzen abgeschnitten/ die vbrigen pflegen sie hinderm Häupte zusammen zu knüpffen/ jhre Backen/ Stirn/ Ärme vnd Schenckel sind gestipffet. Sie haben einen grossen Mund/ die Augen aber vberauß schöne/ die Hände legen sie gemeiniglich auff die schultern/ vnnd bedecken also die Brüste/ zum zeichen der Jungfräwlichen züchtigkeit. Am vbrigen theil deß Leibs sind sie/ wie auß diesem gemälde zu sehen/ nackendt vnnd bloß. Sie haben auch jhre lust zu sehen/ wie man die Fische in fliessenden Wässern fähet.

VII.

Die Vornehmsten der Insel und Stadt, die Roanoac heißt.

Die höchsten und vornehmsten Herren den Insel und Stadt *Roanoac* haben die Haare an den Scheiteln ihrer Köpfe auch auf dieselbe Art und Weise wie die anderen in der Form eines Hahnenkammes abgeschnitten. Die anderen Haare lassen sie wie die Frauen lang wachsen und binden die auch hinter dem Kopf zusammen. Sie hängen sich ein Perlenbändchen an die Ohren. Sie tragen Armbänder von ebensolchen Perlen oder erzenen Kügelchen oder geglätteten Knochen. Sie bemalen und zerstechen sich jedoch nicht. Um aber anzuzeigen, daß sie von größerem Ansehen und größerer Würde als die anderen sind, hängen sie eine Kette von dicken Perlen oder erzenen Kügelchen oder geglätteten Knochen um den Hals, item eine erzene, viereckige Tafel an einem Faden. Mit einer schön zubereiteten und mit Borten verzierten Haut bedecken sie vom Nabel bis mitten auf die Hüfte das Vorder- und Hinterteil ihres Körpers so wie die Frauen. Ebenso halten sie auch die Arme kreuzweise übereinandergeschlagen, wenn sie spazierengehen oder sonst miteinander eine Unterhaltung führen, zum Zeichen ihrer fürsorgenden Voraussicht. Es ist aber *Roanoac* eine sehr angenehme Insel und fischreich aufgrund der Wasser, die sie umgeben.

Die fürnemmesten der Inseln vnd Statt/so Roanoac genannt. VII.

DJe obersten vnd fürnemmesten Herrn der Inseln vnd Statt Roanoac/haben die Haar der Scheitel jhrer Häupter auch dermassen/ gleich wie auch die andern/ abgeschnitten/ Hanenkam̄s weise. Die andern lassen sie lang wachsen/ wie das Weibsvolck/ welche sie auch hinder den Häuptern zusammen knüpffen. Ein Perlen bändel hencken sie an die Ohren. Von denselbigen Perlen/oder ehernen knäufflein/ oder gegletteten beinen/tragen sie Armbändel. Sie bemahlen vnd zerstechen sich aber nicht. Daß sie aber zu verstehen geben/daß sie grössers ansehens vnnd grösserer Wirden seyen dann andere/hencken sie eine Ketten von dicken Perlen/ oder ehernen knäufflein / oder gegletteten beinlein an den Halß. Item eine eherne viereckigte Tafeln an einem Faden. Mit einer hüpsch zugerichteten/ vñ mit leisten gezierten Haut bedecken sie/vom Nabel an biß mitten an die Hüffte / das forder vnnd hinder theil jhres Leibs/gleich wie die Weiber. So halten sie auch die Arme zwerch vbereinander geschlagen/wann sie spatzieren gehen/ oder sonsten miteinander gespräch halten / zum zeichen der fürsichtigkeit. Es ist aber Roanoac eine sehr lustige Insel/Fischreich von wegen der Wasser/ die sie vmbringen.

VIII.

Eine vornehme Dame aus Pomeiooc.

Etwa zwanzig Meilen von der Insel entfernt, dicht bei dem See *Paguippe*, ist eine andere Stadt, *Pomeiooc* genannt, nahe am Meer gelegen. Die Kleidung der vornehmsten Damen unterscheidet sich nur wenig von derjenigen, die sie in *Roanoac* tragen; sie tragen nämlich die Haare des Kopfes in einem Knoten gebunden, genauso wie die Jungfrauen, von denen eben berichtet worden ist; sie sind auch in derselben Art und Weise an ihrem Körper zerstochen. Um den Hals tragen sie eine Kette von großen Perlen und erzenen Kügelchen oder gesäuberten Knöchelchen, fünf- oder sechsmal um denselben geschlungen, in die sie den einen Arm legen; in der anderen Hand tragen sie einen mit wohlriechendem Wasser gefüllten Kürbis. Sie gürten die Häute etwas höher als die anderen und lassen sie unter der Brust einmal umgeschlagen herunterhängen. Diese Häute gehen vorne fast bis auf die Knie herab; hinten sind sie halb nackt. Es gehen ihre Töchter von sieben oder acht Jahren gewöhnlich hinter ihnen her, gegürtet mit einem ledernen Gürtel, der vom Rücken herabhängt und unter dem Hinterteil zwischen den Knien hergezogen und über dem Nabel in der Weise festgebunden wird, daß Moos dazwischen gelegt ist, um ihre Schamteile zu bedecken. Wenn diese aber zehn Jahre alt sind, werden sie wie die anderen mit Häuten umgürtet. An Puppen und Schellen, die aus England gebracht werden, haben sie ihr Vergnügen.

Ein edel Weib von Pomeiooc. VIII.

NVff die zwantzig Meilwegs von der Inseln/ hart an der See Paguippe/ ist eine andere Statt/ Pomeiooc genannt / nahe bey dem Meer. Die Kleydung der edlesten Weiber derselbigen Statt ist gar wenig von der/ so die zu Roanoac tragen/ vnterschieden/ dann die Haar deß Haupts tragen sie in einem geknüpff/ gerade als die Jungfrawen/ von denen jetzt gesagt ist worden/ seind auch auff dieselben weise an jhrem Leibe zerstochen. Am Halse aber tragen sie eine Ketten von grossen Perlen oder chernen knäufflin / oder außgebutzten beinlin / fünff oder sechs mal vmb denselben geschlagen / in welchen sie den einen Arm legen/ in der andern Hand tragen sie einen Kürbiß voll wolriechenden Wassers. Sie gürten die Häut etwas höher als die andern/ vnd lassen sie vnter der Brust geduppelt hangen. Diese Häut gehen von vorn her schier biß auff die Knie hervnter / von hinden zu sind sie halb bloß. Es gehen jhre Töchter / von siben oder acht Jaren alt/ gemeiniglichen hinder jhnen her / begürtet mit einem Ledern Gürtel/ welcher vom Rücken herab hanget/ vnterm hindern zwischen den Knien hergezogen/ vnnd vber dem Nabel angebunden wirdt/ also daß Moß von Bäumen / jhre Scham zu bedecken / darzwischen gelegt sey. Wann diese aber zehen Jar alt sind / werden sie gleich wie die andern / mit Häuten vmbgürtet. An Puppen vnd Schellen/ so auß Engelland gebracht werden / haben sie jhre kurtzweil.

IX.

Die Winterbekleidung eines alten Mannes aus Pomeiooc.

Die alten Männer in *Pomeiooc* sind mit einer großen, über der Schulter zusammengebundenen Haut bekleidet, die auf der einen Seite bis unterhalb des Knies herabhängt; auf der anderen Seite ragt der andere Arm heraus, damit er umso freier beweglich ist. Es sind die Häute aber mit ihren Haaren zubereitet oder mit anderen behaarten Häuten gefüttert. Die jungen Burschen dulden kein einziges Härchen um den Mund oder an dem Kinn, sondern alle, die hervorkommen, reißen sie sofort aus. Wenn sie aber alt geworden sind, dann lassen sie die wachsen, obwohl sie von ihnen nur wenige zu haben pflegen. Die Haare binden sie auch hinter dem Kopf zusammen und tragen auf dem Scheitel des Kopfes einen Kamm, so wie die anderen.

Die umliegende Landschaft ist so fruchtbar und angenehm, daß auch selbst England nicht mit ihr verglichen werden kann.

Eines alten Manns von Pomeiooc IX.
Winterkleydung.

DJe alten Männer zu Pomeiooc werden bedeckt mit einer grossen Haut / so vber den Schultern zusammen gebunden / von der einen seiten her biß vnter die Knie hervnter hanget / auff der andern seiten steckt herauß der ander Arm / daß der desto freyer sey. Es sind aber die Häute zugleich mit jhren Haaren zubereitet / oder mit andern haarechten Häuten gefütert. Die jungen Gesellen können nicht ein einigs Härlein vmb den Mund vnnd am Kien vertragen / sondern so viel derselbigen sich herfür thun / die reissen sie alsbald herauß. Wann sie aber alt worden sind / alsdann lassen sie die wachsen / wiewol sie deren gar wenig zu haben pflegen. Die Haar binden sie auch hinderm Kopff zusammen / vnd tragen auff dem Scheitel deß Haupts einen Kam̃ / gleich wie auch die andern. Die beyliegende Landschafft ist also fruchtbar vnd bequeme / daß auch Engelland selbst mit jhr nicht möge verglichen werden.

X.

Wie die Frauen von Dasamonquepeuc ihre Kinder zu tragen pflegen.

In der Stadt *Dasamonquepeuc*, vier oder fünf Meilen von *Roanoac* entfernt gelegen, sind die Frauen auf dieselbe Art wie auch in *Roanoac* gekleidet und zum Schmuck zerstochen. Doch setzen sie keine Kränzchen auf den Kopf und haben die Schenkel nicht mit kleinen Punkten verziert. Sie haben eine merkwürdige Art, die Kinder zu tragen, von der unsrigen völlig verschieden: Die tragen nämlich ihre Kinder auf den Armen vor der Brust, sie aber fassen das Kind an seiner rechten Hand und tragen es auf dem Rücken derart, daß sie sein linkes Bein mit ihrem linken Arm umfassen. Das ist allerdings eine sehr merkwürdige und ungewöhnliche Art, die Kinder zu tragen, wie man aus der Abbildung ersehen kann.

Wie die Weiber von Dasamonquepeuc die Kinder zu tragen pflegen. X.

In der Statt Dasamonquepeuc / vier oder fünff Meilwegs von Roanoac gelegen / werden die Weiber auff dieselbige art / wie auch die zu Roanoac / bekleydet / vnnd zum schmuck zerstochen. Doch setzen sie keine Kräntzlein auffs Häupt / haben die Schenckel nicht gestipffet. Sie haben einen wunderbarlichen gebrauch die Kinder zu tragen / den vnsern vberal vngewöhnlich. Dann die vnsern tragen jhre Kinder auff den Armen vor der Brust / sie aber fassen das Kind bey seiner rechten Hand / vnnd tragen es auffm Rücken / also daß sie sein linckes Bein mit jhrem lincken Arm vmbfassen. Welches zwar eine gar wunderbarliche vnd frembde art ist die Kinder zu tragen / wie man auß der abcontrafeytung sehen mag.

XI.

Der Schwarzkünstler oder Zauberer.

Sie haben auch im allgemeinen Schwarzkünstler oder Zauberer, die bei ihren Zaubereien merkwürdige, oft unnatürliche Gebärden vollführen. Sie haben nämlich Verbindung mit den bösen Geistern, von denen sie das, was ihre Feinde vorhaben, und auch andere derartige Dinge zu erfahren suchen. Den Kopf lassen sie sich überall scheren, mit Ausnahme des Kammes, den sie wie die anderen tragen. Über dem Ohr tragen sie einen schwarzen Vogel, der das Kennzeichen ihrer Kunst ist. Sie gehen nackt, mit Ausnahme des Geschlechtsteils, das sie mit einer Haut bedecken, die vom Gürtel herabhängt. An die Seite hängen sie eine Tasche, wie es in der Figur abgebildet ist. Und demgemäß, daß die Einwohner feststellen, daß das, was sie sagen, oft wahr ist, schenken sie ihnen großen Glauben.

Der Schwartzkünstler oder Zauberer. XI.

SJe haben auch in gemein Schwartzkünstler oder Zauberer / welche in jhren zaubereyen wunderbarliche/vnd offtmals der Natur zu wider/geberde führen. Dann sie haben mit den bösen Geistern gemeinschafft/von welchen sie/ was jhre Feinde fürhaben/ vnd sonst andere dergleichen Sachen/ erforschen. Das Häupt lassen sie vberal bescheren/ außgenommen den Kam̃/ den sie wie die andern tragen. Vber einem Ohr tragen sie einen schwartzen Vogel/ der jhrer Kunst ein anzeigung ist. Sie gehen nackendt/außgenommen die Scham̃/welche sie mit einer Haut/so vom Gürtel herab hanget/bedecken. Auff die seiten hencken sie eine Täschen/ wie es in der Figuren abgebildet ist. Vnd nach dem die Einwohner/was sie sagen/offt warhafft befinden/geben sie jhnen grossen glauben.

XII.

Auf was für eine Art sie bei ihnen die Boote herstellen.

Die Boote zimmern sie in Virginia auf eine merkwürdige Art: Denn obwohl sie keine eisernen oder den unsrigen gleiche Werkzeuge haben, können sie dennoch Boote solcher Art herstellen, daß sie genauso wie die unsrigen dazu tauglich sind, um auf den fließenden Gewässern zu fahren und, wenn es ihnen gefällt, Fische zu fangen. Und als erstes suchen sie sich einen dicken und hohen Baum aus, entsprechend der Größe des Bootes, das sie herstellen wollen. Um die Wurzeln dieses Baumes machen sie auf der Erde mit vielem gut getrocknetem Baummoos und kleinen Holzscheiten ein Feuer, klein und langsam brennend, damit die Flamme nicht zu hoch hinaufschlägt und dem Baum etwas von seiner vollen Länge genommen wird. Wenn nun der Baum so sehr abgebrannt ist, daß man sehen kann, daß er bald umfallen werde, dann machen sie noch ein neues Feuer darum, das sie dann so lange brennen lassen, bis der Baum von selbst umfällt. Wenn die Baumkrone und die Äste derart abgebrannt sind, daß der Baumstumpf gerade noch lang genug ist, dann legen sie ihn auf Balken, die über hölzerne Gabeln von genau der Höhe gelegt sind, daß sie das Holz darauf bequem zurichten können. Wenn sie nun mit einer besonderen Muschel die Rinde abgeschabt haben, dann behalten sie den besten Teil des Baumstumpfes, um aus diesem den untersten Teil ihres Bootes zu machen; aus dem anderen Teil machen sie ein Feuer so lang der Baumstumpf ist, mit Ausnahme der beiden Enden. Wenn nun der Baumstumpf genügend angebrannt ist, dann löschen sie das Feuer und schaben das Verbrannte mit Muscheln ab. Wenn das geschehen ist, machen sie wiederum ein neues Feuer und brennen den Baumstumpf wieder an und fahren so mit dem Brennen und Schaben fort, bis das Boot so weit ausgehöhlt ist, wie es notwendig ist. Auf diese Weise gibt der Geist des Herrn dem Verstand der unwissenden Leute ein, auf welche Weise sie die Dinge, die sie für das tägliche Leben benötigen, herstellen können.

Auff wasserley weise sie bey jhnen die Weidlinge zurichten. XII.

DJe Weidlinge zimmern sie in Virginia auff eine wunderbarliche weise. Dann wiewol sie keine eyserne/ oder andere den vnsern gleich Jnstrumenta haben/ so können sie dannoch die Weidlinge dermassen zurichten/ daß sie nicht weniger als die vnsern auff fliessenden Wassern zu fahren/ vnd wanns jhnen gefällig ist/ Fische zu fangen bequem sind. Vnnd erstlich sehen sie jhnen einen dicken vnnd hohen Baum auß/ nach gelegenheit der grösse deß Weidlings/ den sie zu zurüsten vorhabens sind. Vmb dieses Baums Wurtzeln machen sie ein Fewer oben auff der Erden/ mit viel wolaußgetrucknetem Baummoß vnd kleinen Scheitern/ fein gemächlichen/ auff daß die Flamme nicht zu hoch hinauff schlage/ vnd der Baum an seiner rechtmässigen länge verkürtzt werde. Wann nun der Baum also sehr abgebrannt/ daß es sich ansehen lässet/ er werde bald hervnter fallen/ alsdann machen sie noch ein newes Fewer darumb/ welches sie darnach so lang brennen lassen/ biß der Baum von jhme selbst hervnter falle. Wann der Zopff vnd die äste dermassen gebrannt sind/ dz der stumpff noch eben lang gnug ist/ so legen sie jhn auff Balcken/ welche vber höltzerne Gablen gestellet sind/ eben der höhe/ daß sie das Holtz darauff bequemlich zurichten können. Wann sie nu mit einer sonderlichen Muscheln die Rinden abgeschabt haben/ so behalten sie den besten theil deß stumpffs/ auff daß sie auß demselbigẽ den vntersten theil deß Weidlings machen/ auß dem andern theil machen sie ein Fewer so lang der stumpff ist/ außgenommen beyde ende. Wann nun der stumpff gnugsam gebrannt ist/ alsdann leschen sie das Fewer auß/ vnd schaben das gebrannt mit Muscheln ab/ wann das geschehen/ machen sie widerumb auffs new ein Fewer/ vnnd brennen den stumpff widerum/ vnnd fahren also mit brennen vnd schaben jmmerdar fort/ biß so lang der Weidling/ wie es die not erfordert/ außgeholet ist. Also gibt der Geist deß HERRN den vngeschickten Leuten in jhren sinn/ auff was weise sie die ding/ so jhnen zum täglichen gebrauch von nöten sind/ zurichten mögen.

XIII.

Auf was für eine Art die Einwohner in Virginia zu fischen pflegen.

Sie haben auch eine schöne und kunstvolle Methode, in fließenden Gewässern Fische zu fangen. Da sie nämlich weder Eisen noch Stahl haben, stecken sie den Schwanz eines besonderen Fisches, der einem Meerkrebs gleicht und innen hohl ist (oder von einem anderen geeigneten Fisch) anstelle einer Stahlspitze auf das Ende eines Schilfrohres oder von recht dicken Ruten, mit denen sie die Fische bei Nacht oder am Tag durchstechen und fangen und danach in ihren Booten zusammentragen. Sie können auch aus Gerten und Ruten Reusen solcher Art flechten, daß sie zuerst weit und dann je länger desto weiter sind, die sie an Stöcke binden, in das Wasser stoßen und damit fischen, wie aus dieser Abbildung zu ersehen ist. Es ist bei uns niemals eine so kluge Art gesehen worden, Fische zu fangen, von denen dort viele Arten, den unseren unähnlich und von sehr gutem Geschmack, gefunden werden. Es ist wahrhaftig eine vergnügliche Sache, dabei zuzusehen, denn diese Leute fahren manchmal in Booten, ein anderes Mal gehen oder laufen sie in den fließenden Gewässern, wenn die nicht tief sind.

Ohne alle Sorge und alles Streben danach, ihren Nachkommen Güter und Reichtum zu hinterlassen, sind sie mit ihrem Tun zufrieden und Freunde miteinander und leben von dem, was ihnen der freigebige Gott reichlich beschert. Es hat dieses unzivilisierte Volk aber so geringe Kenntnisse von Gott, daß sie ihm für seine Wohltaten überhaupt nicht danken. Sie haben nämlich von ihm keine anderen Kenntnisse als nur diejenigen, deren in dem vorigen Büchlein gedacht worden ist.

XIII.

Wasserley weise die Einwohner in Virginia zu fischen pflegen.

SJe haben auch eine schöne kunst in fliessenden Wassern Fische zu fangen. Dann dieweil sie kein Eysen noch Staal haben/ stecken sie eines sonderlichen Fisches Schwantz/ der einem Meerkrebs gleich/ so innwendig hol ist (oder sonst von andern bequemen Fischen) an statt eines spitzigen stachels/ am ende der Riet/ oder zimlich dicken Ruten/ mit welchen sie die Fische bey Nacht oder Tag durchstechen vñ fangen/ vnd tragen sie darnach in jhre Weidlinge zusammen. Sie köñen auch von Stecken vnnd Ruten Reusen flechten/ dermassen/ daß sie anfänglichen weit/ vnd ferrner je lenger je weiter seyn/ die sie an stecken binden/ ins Wasser stossen/ vnd damit fischen/ gleich wie auß dieser Figur zu sehen ist. Es ist bey vns niemals eine so subtile kunst Fische zu fangen gesehen worden/ deren dann daselbst mancherley in den fliessenden Wassern/ den vnsern vngleich/ vnnd eines sehr guten geschmacks/ gefunden werden. Es ist fürwar ein lustig ding zu zusehen/ dann dieselbigen Leute fahren bißweilen in Schifflein/ zur andern zeit gehen oder lauffen sie in den fliessenden Wassern/ so nicht tieff sind/ ohn alle sorge vnnd gefahr jhren Nachkommenen Güter vnd Reichthumb zu vberkommen/ mit jhrem thun zu friden seind/ vnd freundtlich vnter einander leben von dem/ das jhnen der milde Gott reichlich bescheret. Es hat aber diß barbarisch Volck so geringe erkanntnuß Gottes/ daß sie jhm für seine Wolthat gar nicht dancken. Dann sie dessen keine andere erkanntnusse haben/ dann allein die/ deren im vorigen Büchlein ist gedacht worden.

XIV.

Ein hölzerner Rost, auf dem sie ihre Fische braten.

Wenn sie eine große Menge Fische gefangen haben, begeben sie sich auf einen dazu bestimmten Platz, der dazu geeignet ist, die Nahrung zuzubereiten. Dort stecken sie vier Gabeln auf einem viereckigen Platz in die Erde; auf diese legen sie vier Hölzer und quer über diese andere, damit es ein Rost wird, der hoch genug ist. Wenn sie die Fische auf den Rost gelegt haben, machen sie ein Feuer darunter, doch nicht auf die Art der Völker von Florida, die nur die Fische braten und im Rauch dörren, die sie den ganzen Winter über aufbewahren. Diese Völker aber braten alles, verzehren es und behalten nichts als Vorrat. Danach, wenn sie dessen bedürfen, braten oder kochen sie frische, wie wir nachher sehen werden. Wenn der Rost aber nicht so groß ist, daß alle Fische darauf gelegt werden können, stecken sie am Feuer kleine Stöckchen in die Erde und hängen die übrigen Fische, durch die Ohren gespießt, daran auf und braten sie vollständig, bis sie genug haben. Sie achten aber sorgfältig darauf, daß sie nicht verbrannt werden. Wenn die ersten gebraten sind, legen sie die anderen, die frisch hergebracht worden sind, auf den Rost. Und auf diese Weise wiederholen sie das Braten so lange, bis sie glauben, genug Nahrung zu haben.

Ein höltzern Rooſt/darauff ſie die Fiſche beſengen. XIIII.

WAnn ſie eine groſſe menge Fiſche haben gefangen / begeben ſie ſich auff einen därzu verordneten Platz/ welcher die Speiß zu bereiten bequeme iſt/ daſelbſt ſtecken ſie vier Gabeln auff einem viereckẽten Platz in die Erden hinein/ auff dieſe legen ſie vier Höltzer/ vnd auff dieſelbigen andere zwerchsweiſe/ alſo/ daß es einem Rooſt/ der da hoch gnugſam ſey/ gleichförmig werde. Wann ſie die Fiſche auff den Rooſt gelegt/machen ſie ein Fewer darvnter/doch nicht nach der weiſe der Völcker von Florida/ welche die Fiſch allein beſengen / vnnd im Rauch außtrücknen/die ſie den gantzen Winter vber behalten. Dieſe Völcker aber braten alles/verzehrens/vñ behalten nichts in vorraht/ darnach/ wann ſie deſſen dörfftig ſind/braten oder ſieden ſie friſche/ wie wir hernach ſehen werden. Wann aber der Rooſt ſo groß nicht iſt/daß die Fiſch alle möchten darauff gelegt werden/ſtecken ſie kleine ſtecklein am Fewer in die Erden / vnnd hencken die vbrigen Fiſche durch die Ohren auff/vnd braten ſie vollendt ſo lang es gnug ſey. Sie ſehen aber mit fleiß zu / daß ſie nicht verbrennt werden. Wann die erſten gebraten ſind/ legen ſie andere/ ſo ſie friſch herzu gebracht/auff den Rooſt. Vnd alſo widerholen ſie diß braten ſo lange / biß ſie der Speiſe gnugſam zu haben vermeynen.

XV.

Gestalt und Abbildung der irdenen Gefäße, in denen sie ihre Nahrung zu kochen pflegen.

Ihre Frauen wissen auf das allergeschickteste irdene Gefäße herzustellen und machen diese groß, rund, weit und dünn genug, daß auch keine Töpfer mit seiner sich drehenden Töpferscheibe es besser machen könnte. Diese tragen sie hin und her und mit derselben Leichtigkeit wie wir unsere erzenen Kessel. Wenn sie diese auf einen Klumpen Lehm gesetzt haben, damit sie nicht umfallen, legen sie Holz darum, zünden das an und eine von ihnen achtet auf das allersorgfältigste darauf, daß das Feuer auf allen Seiten gleichmäßig brennt. Wenn nun die Gefäße von ihnen oder ihren Frauen mit Wasser gefüllt worden sind, werfen sie Obst, Fleisch und Fische hinein und lassen das zusammen kochen wie die spanische Olla podrida[61]. Das gießen sie danach in Schüsseln und setzen es der Gruppe vor und vergnügen sich miteinander und sind fröhlich. Im Essen sind sie aber mäßig, damit sie nicht von Krankheiten befallen werden. Wollte Gott, daß wir ihrem Beispiel folgten, dann würden wir von so mancher Krankheit frei sein, von der wir sonst durch großartige und unpassende Gastmahle befallen werden, da wir ständig neue Gerichte und Leckereien ersinnen, die den Hals erfreuen, und dadurch veranlaßt werden, mehr zu essen als notwendig.

[61] Olla podrida – traditionelles spanisches Nationalgericht aus vielerlei zusammengekochtem Fleisch mit Wurst, Kichererbsen und anderem Gemüse.

Form vnd abcontrafeytung der jrrdenen XV. Gefässe/darinn sie die Speise zu kochen pflegen.

Jhre Weiber wissen auffs aller geschicklichste jrrdene Gefässe zu bereiten/ vnnd machen dieselben groß/rund/weit vnd dünn gnug/ also/ daß auch kein Töpffer mit seinem vmblauffende Rade besser würde machen köñen. Diese tragen sie hin vnd her eben so leichtlich/als wir vnsere eherne Kessel. Wann sie diese auff einen Klotze Leimens/daß sie nicht vmbfallen/ gesetzt haben/alsdann legen sie Holtz darumb her/zünden das an/ vnd einer von jhnen sihet auffs aller sorgfältigst zu/ daß das Fewer von allen seiten gleich brenne. Wann nun die Gefässe von jhnen oder jhren Weibern mit Wasser gefüllet seind/ werffen sie da hinein/Obs/Fleisch vnd Fische/ vnd lassen das vnter einander sieden/wie die Spanische Olla podrida. Diß giessen sie darnach in Schüsseln/ vnd setzens dem Hauffen für/ vnd machen sich vntereinander lustig vnd frölich. Im essen aber sind sie mässig/auff daß sie nicht in Kranckheit gerahten. Wolte Gott/daß wir jhrem Exempel nachfolgeten/ alsdann würden wir von so mancherley Kranckheiten ledig/ dareyn wir sonst durch köstliche vnd vnzeitige Gastereyen fallen/in dem wir allezeit newe Gerichte vnd Leckereyen/so dem Halse wolgefellig seyen/erdencken/ vnd also mehr dann von nöten ist/ zu essen verursacht werden.

XVI.

Auf was für eine Art sie zu essen pflegen.

Sie pflegen auf diese Art zu essen: Wenn sie eine aus Binsen geflochtene Matte ausgebreitet haben, stellen sie die Speise mitten darauf; dann setzen sich die Männer auf der einen, die Frauen auf der anderen Seite darum herum. Ihre Speise sind Hirsekörner von einem sehr guten Geschmack, die sie auf die Weise kochen, wie ich in dem vorigen Buch geschrieben habe. Fleisch von Hirschen und anderen Tieren und viel Fisch essen sie. Im Essen und Trinken verhalten sie sich mäßig, weshalb sie dann auch unter Berücksichtigung der Tatsache, daß sie ihrer Natur keine Gewalt antun, lange leben.

Wasserley weise sie zu essen pflegen. XVI.

SJe pflegen auff diese weise zu essen. Wann sie eine Matten / von Bintzen geflochten / auff die Erden außgebreytet haben / stellen sie die Speise mitten darauff / darnach setzen sich die Männer auff der einen / die Weiber auff der andern seiten rund herumb. Jhre Speiß sind Hierßkörnlein / eins sehr guten geschmacks / welche sie sieden auff die weise / wie ich im vorigen Buch beschrieben hab. Fleisch von Hirschen oder andern Thieren / vnd viel Fische / speisen sie. In essen vnd trincken halten sie sich mässig / darumb sie dann auch lange leben / angesehen / daß sie jhrer Natur keinen gewalt thun.

C

XVII.

Auf was für eine Art sie ihre hohen Feste am Feuer zu halten pflegen.

Wenn sie aus einer großen Gefahr errettet worden sind, die ihnen, als sie entweder zu Wasser oder zu Land Krieg führten, zugestoßen ist, machen sie zum Zeichen der Freude ein sehr großes Feuer. Um das setzen sich Männer und Frauen vermischt. In ihren Händen halten sie eine eigenartige Frucht, die hinsichtlich der runden Form einer Pfebe oder einem Kürbis gleicht; aus dieser Frucht nehmen sie den Samen und stecken stattdessen kleine Steinchen oder Körnchen hinein, damit sie einen desto größeren Schall von sich gebe. Dann stecken sie diese Frucht auf ein Stöckchen und während sie dieses in den Händen halten, singen sie und wünschen sich gegenseitig Glück und Freude, wie ich es beobachtet und an diesem Ort gezeichnet habe. Es ist nämlich eine merkwürdige Sache und wohl wert, daß es wahrgenommen wird.

XVII.

Waserley weise sie jhre hohen Feste beym Fewer zu halten pflegen.

WAnn sie auß einer grossen gefehrligkeit erlöset sind/ so jhnen/ dieweil sie entweder zu Wasser oder zu Land Krieg geführt haben/ zugestanden ist/ machen sie zum zeichen der frewde ein sehr grosses Fewer/ vmb welches sich Männer vnd Weiber vnter einander setzen/ vnd haben in jren Händen eine sonderliche Frucht/ an der runde einem Pfeben oder Kürbiß gleich/ auß welcher Frucht sie den Samen nemmen/ vnd stecken an statt desselben widerumb kleine Steinlein oder Körnlein hinein/ auff daß sie desto grössern schall von jhr gebe. Darnach stecken sie dieselbige Frucht auff ein stöcklein/ vnnd in dem sie diß in den Händen halten/ singen vnd wündschen sie jhnen vnter einander Glück vnd Frolocken/ gleich wie ich das angemerckt/ vnd auff demselben orte abgezeichnet hab. Dann es ist ein seltzames ding/ vnd wol wehrt/ daß es angemerckt werde.

XVIII.

Wie die in Virginia auf ihren hohen Festen zu tanzen pflegen.

Zu einer bestimmten Zeit des Jahres halten sie ein großes und allgemeines Fest ab, zu dem diejenigen, die in den benachbarten Städten wohnen, in einer großen Schar zusammenkommen, ein jeder, so viel er kann, auf eine ungewöhnliche Art gekleidet. Auf dem Rücken tragen sie Markierungszeichen, die anzeigen, von woher ein jeder stammt. Es ist zu diesem Zweck ein weiter Platz da, auf dem sie sich versammeln. Rund um diesen Platz sind Balken in die Erde gesteckt, die wie verhüllte Nonnenhäupter aussehen. Wenn sie sich nun in einer Ordnung aufgestellt haben, tanzen und springen sie und machen dann so viele ungewöhnliche Gebärden, wie sie nur ersinnen können. Mitten in dem Kreis stehen drei Jungfrauen, die allerschönsten, die man in der ganzen Schar finden kann; diese umhalsen sich untereinander und drehen sich herum, als ob sie tanzten. Dies alles geschieht, wenn die Sonne untergegangen ist, um die große Hitze des Tages zu vermeiden. Wenn diese nun müde geworden sind, gehen sie aus dem Kreis; dann treten andere an ihre Stelle. Und das dauert so lange, bis der Tanz aus ist. Danach gehen sie zusammen weg, essen und trinken miteinander, wie es in dem sechzehnten Bild gezeigt worden ist.

XVIII.

Wie die in Virginia auff jren hohen Festen zu tantzen pflegen.

AVff eine gewisse zeit deß Jars halten sie ein grosses vnnd gewöhnliches Fest/auff welchs die/so in den nechsten Stätten wohnen / mit grossen hauffen zusammen kommen/ein jeder/so viel es jhnen müglich/ auff eine frembde weise bekleydet. Auff dem Rücken tragen sie Mahlzeichen/die da anzeigen / von wannen ein jeder geboren sey. Es ist derwegen ein weiter Platz / auff welchem sie sich versamlen. Rund vmb diesen Platz sind Balcken in die Erden gesteckt/ welche wie verdeckte Nonnenhäupter anzusehen sind. Wann sie sich nun in eine ordnung gestellt haben/ tantzen vnnd springen sie / singen / vnnd geben alsdann/ so viel sie derselben erdencken können/frembde geberden. Mitten im Kreyß stehen drey Jungfrawen / die aller schönsten / so sie vnterm gantzen hauffen finden mögen/ diese halsen sich vnter einander / vnnd vmbtrehen sich/ gleich als wann sie tantzeten. Diß alles geschiehet wann die Sonne vntergangen ist/ die grosse Hitze deß Tages zu vermeiden. Wann nun dieselbigen müde worden sind/ gehen sie auß dem Kreyß / alsdann treten andere an jhre stätt. Vnnd das wehret so lang / biß der Tantz auß ist. Darnach gehen sie zusammen / essen vnnd trincken miteinander / wie es in der sechtzehenden Figuren angezeigt ist worden.

XIX.

Von der Stadt Pomeiooc.

Die Städte dieser Landschaft sind fast denen gleich, die in der Provinz Florida liegen; sie sind aber nicht so fest, auch nicht gegen so große Gewalt geschützt. Sie sind zwar rundum, mit einem engen Zugang, umschlossen, doch mit kleineren, fest in die Erde geschlagenen Pfählen, wie aus dieser Abbildung der Stadt *Pomeiooc* zu ersehen ist. Es gibt dort sehr wenige Gebäude, mit Ausnahme derjenigen, die den Fürsten und großen Herren zugewiesen sind. Auf einer Seite ist ein Tempel, von den anderen Häusern abgesondert, mit dem Buchstaben A. bezeichnet, der rund ist und ganz mit Vorhängen behängt und überall mit kunstvoll eingeflochtenen Matten bedeckt ist. Es sind in dem keine Fenster und er erhält kein Licht außer durch die Tür. Auf der anderen Seite ist das Haus des Fürsten, mit dem Buchstaben B. gekennzeichnet. Die Häuser aber sind aus dünnen, kreuzweise übereinandergebundenen Pfählen gebaut und mit Matten bedeckt. Diese Matten können sie, wenn immer es ihnen beliebt, hochheben und so das Licht zusammen mit der Luft hereinlassen: Es gibt auch einige nach dem Belieben der Leute mit Zweigen der Bäume bedeckte Häuser. Ihre Feste und Gelage pflegen sie auf einem weiten, leeren Platz mitten in der Stadt auf die Art und Weise abzuhalten, wie es in der siebzehnten Abbildung gezeigt worden ist. Da die Stadt aber weit von dem See gelegen ist, haben sie eine große Grube gegraben, mit dem Buchstaben C. gekennzeichnet, aus der sie das für ihren Lebensbedarf notwendige Wasser schöpfen können.

B
A
C

XIX.

Von der Statt Pomeiooc.

DJe Stätte dieser Landschafft sind schier denen gleich/welche in der Prouintzien Florida ligen/ aber nicht so starck/ auch nicht für so grosser gewalt verwahret. Sie seyn wol rund vmbher mit einem engē zugang beschlossen/ aber mit geringern Pfälen fest in die Erden geschlagen/wie auß dieser abcontrafeytung der Statt Pomeiooc zu sehen ist. Es sind daselbst gar wenig Gebäw/ außgenommen die/ so den Fürsten vnnd grossen Herren verordnet sind. Auff einer seiten ist ein Tempel/ von den andern Häusern abgesondert/ mit dem Buchstaben A. verzeichnet/ welcher ist rund/gleich wie mit vmbhängen behengt/vnd mit Matten/gar subtil eyngeflochten/allenthalben bedeckt. Es sind in dem keine Fenster/ vnnd empfengt kein Liecht/ dann allein durch die Thür. Auff der andern seiten ist deß Fürsten Hauß/mit dem Buchstaben B. gezeichnet. Die Häuser aber sind auß dūnen Pfälē/ zwerchsweise vber einander gebunden/gebawet/vn̄ mit Matten bedeckt. Diese Matten können sie/so offt es jhnen geliebt/auffheben/ vnnd das Liecht sampt der Lufft also zu jnē hinein lassen. Es sind auch etlich Häuser/nach wolgefallen der Leute/ mit Zwengen der Bäume bedeckt. Jhre Fest vnd brassereyen pflegen sie auff einem weiten leeren Platz/ mitten in der Statt/zu halten/auff die weise/so in der sibenzehenden Figuren ist angezeigt worden. Dieweil aber die Statt weit von dem See gelegen ist/ haben sie eine grosse Gruben gegraben/mit dem Buchstaben C. gezeichnet/ darauß sie Wasser zur notturfft schöpffen können.

XX.

Die Stadt Secota.

Es sind die Städte, die nicht von Pfählen eingeschlossen sind, im allgemeinen angenehmer als die anderen, wie diese wahrheitsgetreue Abbildung von der Stadt, die *Secota* genannt wird, deutlich zeigt: Denn dort sind hier und da Häuser, wie der Buchstabe E. anzeigt. Es sind auch um diese Wälder, in denen sie Hirsche fangen. Es sind dort auch Äcker, auf denen sie ihr Korn säen. Auf den Äckern bauen sie ein Gerüst und darauf ein Häuschen oder eine Hütte, die sie mit einem wie ein Halbkreis geformten Dach überdecken. In diese setzen sie einen Wächter, denn es sind dort so viele Vögel und Tiere, daß, wenn sie nicht fleißig darauf achtgäben, der Samen in kurzer Zeit aufgefressen würde; deshalb muß der Wächter ständig rufen und ein Geräusch machen. Den Samen aber säen sie in einer solchen Anordnung, wie sie der Buchstabe H. anzeigt, sonst würde die eine Pflanze durch die andere erstickt und das Korn nicht gehörig reif werden, denn seine Blätter sind so groß wie die Blätter des großen Rohres, wie bei dem Buchstaben G. zu sehen ist. Sie haben auch einen besonderen Platz, mit C. gekennzeichnet, auf dem sie, wenn sie dort mit ihren Nachbarn zusammenkommen, ihre jährlichen hohen Feste (wovon in der achtzehnten Abbildung berichtet worden ist) feiern. Danach gehen sie zu einer Stelle, durch den Buchstaben D. angezeigt, und halten dort ihre Gastmahle. Gegenüber ist ein runder Platz, wo sie sich zur Verrichtung ihrer jahreszeitlichen Gebete versammeln. Nicht weit davon entfernt ist ein geräumiges Gebäude, mit A. gekennzeichnet, in dem die Begräbnisplätze der großen Herren sind, wie in der zweiundzwanzigsten Abbildung gezeigt wird. Sie haben auch Gärten, durch den Buchstaben J. gekennzeichnet, in denen sie eine Frucht ziehen, einem Apfel oder einer Pfebe ähnlich. Sie haben ebenso einen Platz, mit K. bezeichnet, auf dem sie zu den Zeiten ihrer hohen Feste ein Feuer anzünden. Außerhalb, nicht weit von der Stadt entfernt, haben sie ein fließendes Gewässer, mit L. bezeichnet, aus dem sie Wasser schöpfen. Es sind daher diese von jeglicher Habgier unbeschwerten Leute vergnügt und fröhlich. Und da sie ihre großen Feste zur Nachtzeit begehen und abhalten, zünden sie helle und leuchtende Feuer an, und zwar erstens deshalb, damit sie in der Finsternis nicht stolpern, zweitens, um untereinander ihre Freude anzuzeigen.

L
F
K
G
H
E
D
C
B
A
T B

XX.

Die Statt Secota.

Es seind die Stätte / so mit keinen Pfälen vmbringet / gemeiniglicheu lustiger als die andern / wie diese Figur / so die Statt Secota genennet wirdt / rechte contrafactur außweiset. Dann daselbst sind hin vnd her Häuser vnnd Gärten / wie der Buchstab E. bezeichnet / in welchen wächst das Tabaco / von jhnen Vppowoc genennet. Es sind auch vmb dieselben Wälde / in welchen sie Hirsche fangen. So seind auch daselbst Ecker / darinn sie jhr Korn sähen. Auff den Eckern bawen sie ein gerüst / vnd darauff ein Häußlein oder Hütten / welches sie nach art eines halben Circkels bedecken / wie der Buchstab F. bedeutet. In diesem bestellen sie ein Wechter / dann es seind allda so viel Vögel vnnd Thier / daß / so ferrn sie nicht fleissig wacheten / der Samen in kurtzer zeit auffgefressen würde / dessen wegen muß der Wechter ohn vnterlaß ruffen / vnd ein geresch machen. Den Samen aber sähẽ sie auff eine solche ordnung / welchs der Buchstab H. außweiset / sonst würde das eine gewächß durch das ander erstickt / vnd das Korn / wie sichs gebürt / nicht reiff werden / dann seine Bletter sind so groß als die Bletter deß grossen Rors / wie am Buchstaben G. zu sehen. Sie haben auch einen sonderlichen Platz / mit C. gezeichnet / auff welchem / wann sie mit jhren Nachbawren allda zusammen kommen / jhre järliche hohe Fest (davan in der achtzehenden Figuren geredt jst worden) begehen. Darnach gehen sie auff einen ort / durch den Buchstaben D. bedeutet / vnd halten daselbst jre Gastereyen. Gegen vber haben sie einen runden Boden / mit dem Buchstaben B. gezeichnet / dahin sie sich / jhr Jarzeitliches Gebett zu thun / versamlen. Nicht ferrn von diesem ist ein weites Gebäw / mit A. gezeichnet / in welchem der grosser Herrn Begräbnusse sind / wie auß der zwey vnd zwantzigsten Figuren erscheinen wirdt. Sie habẽ auch Gärten / in welchen sie eine Frucht / einem Apffel oder Pfeben gleichförmig / ziehen / durch den Buchstaben I. bezeichnet. So haben sie gleicher weise einen ort / durch K. angedeutet / anff welchem sie zu zeiten jrer hohen Feste ein Fewer anzünden. Draussen / nicht ferrn von der Statt / haben sie ein fliessendes Wasser / durch L. angedeutet / auß welchem sie Wasser schöpffen. Es machen sich derwegen diese Leut / mit gar keinem Geitz beladen / lustig vnd frölich. Vnd nach dem sie jhre grosse Fest bey Nacht begehen vnnd halten / dero wegen legen sie helle vnd liechte Fewer an / zum ersten darumb / daß sie nicht im finstern strauchlen / zum andern / daß sie jhre frewde vnter einander zu verstehen geben.

XXI.

Von einem Götzen, den dieses Volk verehrt und Kiwasa nennt.

Die Einwohner dieser Landschaft haben einen Götzen, dessen Name *Kiwasa* ist. Er ist aus einem Holzklotz von vier Schuh Höhe gemacht und sein Haupt gleicht den Köpfen der Leute, die in Florida leben. Sein Antlitz ist mit Fleischfarbe angestrichen, die Brust ist weiß, der übrige Teil des Körpers ist schwarz, die Schenkel sind mit verschiedenen weißen Farben bemalt. Von seinem Hals hängen Ketten aus runden Kügelchen, unter denen einige flache, kreisförmige, der Länge nach aus Kupfer gemachte, eingestreut sind, denn Kupfer gilt bei ihnen viel mehr als Gold und Silber. Dieser Götze ist in dem Tempel der Stadt *Secota* als Hüter ihrer Könige aufgestellt, die darin begraben liegen. Sie haben im allgemeinen in ihren Tempeln jeweils zwei dieser Götzen, gelegentlich auch drei, mehr aber nicht, die schreckenerregend aussehen, da sie an dunklen Stellen aufgestellt sind. Kein anderes Wissen von Gott haben die armen Leute, obwohl ich glaube, daß sie sehr begierig danach sind, Kenntnis von dem wahren Gott zu haben. Als wir nämlich niederknieten, um zu dem lieben Gott zu beten, folgten sie uns darin nach; und als sie sahen, daß wir unsere Lippen bewegten, taten sie dasselbe. Daher kann man gewiß glauben, daß sie leicht zur Erkenntnis Gottes zu bringen wären.

Von einem Götzen/ den diß Volck ehret/ vnd Kiwasa nennet. XXI.

DIeser Landschafft Innwohner haben einen Abgott / deß Name ist Kiwasa/ auß einem höltzern Klotz gemachet / welcher vier Schuh hoch ist/ vnd den Kopff den Häuptern der Leute / so in Florida wohnẽ/ gleichförmig. Sein Antlitz ist mit Fleischfarb angestrichen/ die Brust ist weiß / das vbrige theil deß Leibs ist schwartz/ die Schenckel sind mit verschiedener weissen Farbe bemahlet. Von seinem Halse herab hencken Ketten von weissen ronden Knäufflein/ vnter welche etzliche andere rondelichte in die lenge auß Kupffer gemacht/ vermenget werden. Dann sie halten bey jhnen von Kupffer viel mehr als von Gold oder Silber. Derselbige Abgott ist im Tempel der Statt Secota gestellt / zu einem Hüter jhrer Könige/ so darinn begraben ligen. Sie haben in gemein in jhren Tempeln je zween derselbigen Götzen/ bißweilen auch drey/ mehr aber nicht/ welche/ dieweil sie an tunckele örter gestellt sind/ schrecklichen außsehen. Keine andere erkanntnusse Gottes haben die armen Leute. Wiewol ichs darfür halte/ daß sie sehr begierig seyn deß waren Gottes erkanntnusse zu haben. Dann als wir niderknieten/ vnser Gebett zu dem lieben Gott zu thun/ folgten sie vns in dem nach/ vnd als sie vermerckten/ daß wir vnsere Lefftzen regeten/ thaten sie auch dasselbige. Darumb ist es wol gläublich/ daß sie leicht zur erkanntnuß Gottes zu bringen weren. Darzu jhnen Gott gnad verleyhen wölle.

XXII.

Von dem Begräbnis der großen Herren in Virginia.

Für das Begräbnis ihrer *Weroans*, das sind Fürsten oder große Herren, bauen sie aus Brettern ein Gerüst, das neun oder zehn Schuh hoch ist, von genau der Art, wie hier in dieser Abbildung dargestellt ist. Auf den mit Matten bedeckten Boden dieses Bauwerkes legen sie ihre verstorbenen Fürsten auf folgende Weise: Zuerst nehmen sie die Eingeweide aus dem toten Leichnam: danach ziehen sie die Haut ab und reißen auch alles Fleisch, soviel davon vorhanden ist, bis auf die Knochen ab. Das von den Knochen abgetrennte Fleisch trocknen sie an der Sonne. Wenn dies nun gehörig getrocknet ist, wickeln sie es in Matten und legen es zu Füßen des toten Körpers. Danach überziehen sie die Knochen, die von den Sehnen, die auch noch vollkommen unversehrt sind, zusammengehalten werden, mit Leder und legen sie so zusammen, daß es aussieht, als ob das Fleisch niemals davon weggenommen worden wäre. Wenn nun der Leichnam auf die Art, wie beschrieben, hergerichtet worden ist, dann tun sie die natürliche Haut wieder darum und legen ihn an seinem Ort zu den Leichnamen der anderen Herren nieder. Bei dieser verstorbenen Leiche wird der Götze, dessen wir in dem vorherigen Kapitel gedacht haben, niedergesetzt: Denn sie glauben fest, daß der Götze den Körper ihres verstorbenen Herrn behütet und beschützt. Außerdem hat einer ihrer Priester unter den Brettern dieses Gerüstes seine Wohnstätte, damit er Tag und Nacht sein Gebet murmele und für den verstorbenen Körper sorge. Dieser hat zwei ausgebreitete Häute als Schlafstätte. Wenn es ein wenig kalt wird, dann richtet man ihm ein Feuer, an dem er sich wärmen kann. Derart verständig sind die armen Leute also von Natur aus, daß sie ihre großen Herren auch nach dem Tode verehren.

Lieber Leser,

Sie haben diese Karte in einem Buch aus unserem Verlagsprogramm gefunden. Sollten Sie an weiteren Informationen unserer umfangreichen Veröffentlichungen interessiert sein, so schikken Sie uns diese Karte unter Angabe Ihrer Interessengebiete einfach zu. Wir dürfen Sie dann laufend und kostenlos über unsere Neuheiten informieren.

Vielen Dank für Ihre Mühe, die sich lohnt.

Ihr
PHAIDON VERLAG
Redaktionsbüro/Pressestelle
Im Teelbruch 60, 4300 Essen 18

Ihre Interessen:

- ☐ Bibliothek der Weltliteratur
- ☐ Klassikerbibliothek
- ☐ Bibliothek der Weltgeschichte
- ☐ Geschichtsschreiber der Antike
- ☐ Historiker des deutschen Altertums
- ☐ Erzählungen des Mittelalters
- ☐ Bibliothek der Philosophie

Weitere Interessensgebiete

____

____

____

____

____

Name

Straße

Ort

Tel.

PHAIDON VERLAG
Redaktionsbüro/Pressestelle
Im Teelbruch 60

4300 Essen 18

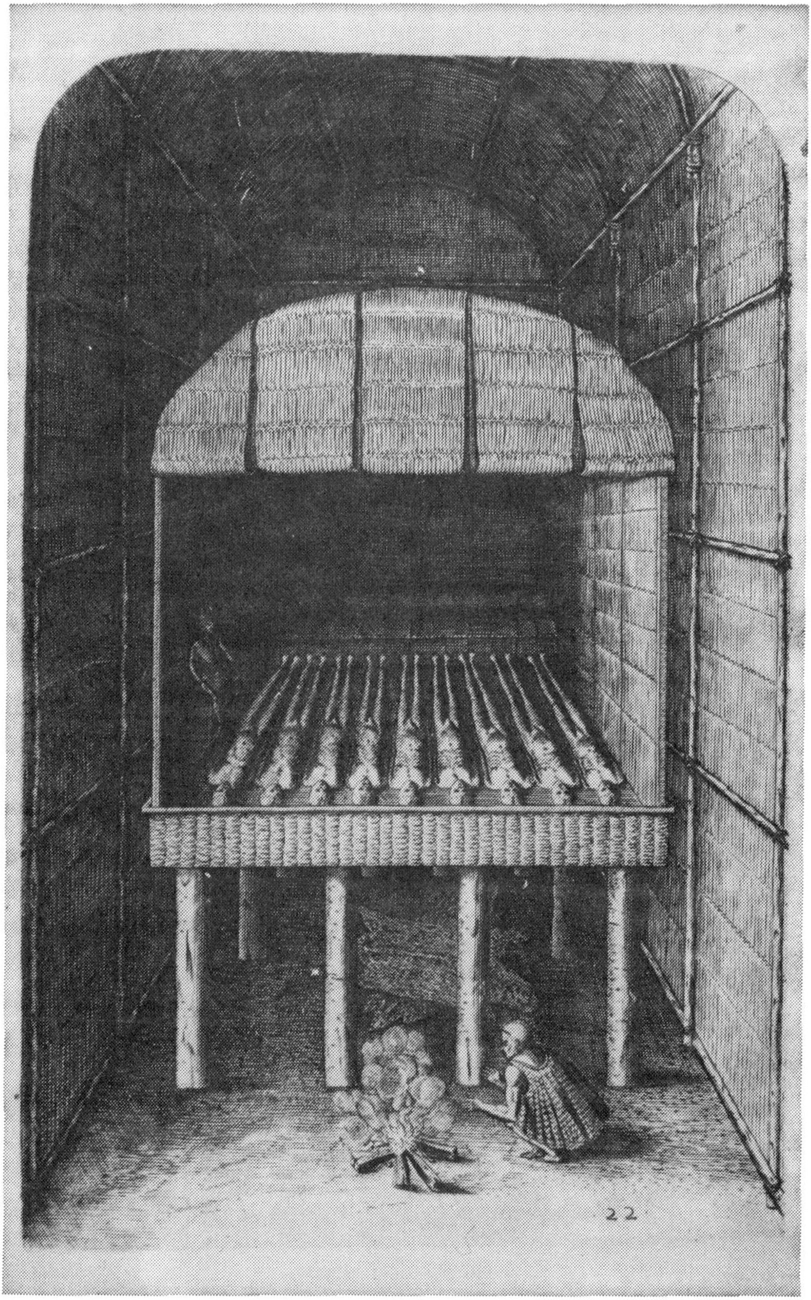
22

XXII.

Von der grossen Herrn in Virginia Begräbnuß.

BY jhrer Werowans / das ist / Fürsten oder grosser Herren Begräbnuß / bauwen sie ein gerüst von Brettern / das ist neun oder zehen Schuh hoch / eben auff die weise / wie allhie in dieser Figuren abgerissen ist. Auff dieses Gebäws boden / so mit Matten bedeckt ist / legen sie jhre verstorbene Fürsten dieser gestallt. Erstlichen nemmen sie das Eingeweyd auß dem todten Leichnam / darnach ziehen sie die Haut ab / vnnd reissen auch alles Fleisch / so viel dessen vorhanden ist / biß auff die Bein herab. Das von den Knochen abgesonderte Fleisch trücknen sie an der Sonnen. Wann nun diß rechtschaffen getrücknet ist / wicklen sies in Matten / vnnd legens dem todten Cörper zun Füssen. Darnach vberziehen sie die Bein / welche durch die Seenen / die auch noch vollkommen vnd vnverletzt an einander hangen / mit Leder / vnd legens dermassen zusammen / daß sichs ansehen läßt / als were das Fleisch niemals davon genommen. Wann nu der Leichnam dieser gestallt / wie gesagt / zugerichtet ist / alsdann thun sie die natürliche Haut wider darumb / vnnd legen jhn bey der andern Herrn Leichnam auff seinen ort darnider. Bey dieser verstorbenen Leich wirt der Abgott Kiwasa / dessen wir im vorgehenden Capitel gedacht haben / nider gesetzt: Dann sie anders nicht dencken / dann daß der Abgott jrer verstorbenen Herrn Cörper hüte vnd beware. Ferrner hat vnter dem gerüst derselben Bretter einer jhrer Priester seine Wohnung / der also Tag vnd Nacht sein Gebett murmele / vnnd der verstorbenen Cörper sorge trage. Dieser hat zwey außgespannte Häut von Thieren zum Schlaffbett. So es etwas zu kalt ist / alsdann wirt jhm ein Feuwer zugerichtet / dabey er sich erwärmen könne. Also sind die armen Leut von Natur so verständig / daß sie jhre grosse Herrn auch nach dem Tode verehren.

XXIII.

Von den Markierungszeichen einiger der vornehmsten Herren in Virginia.

Auf ihrem Rücken haben die Einwohner der ganzen Provinz ein bestimmtes Markierungszeichen, an dem man erkennen kann, wessen Fürsten Untertanen sie sind und aus welcher Gegend sie stammen. Daher haben wir die Markierungszeichen in dieser Abbildung dargestellt, wobei wir die Namen der Städte hinzugefügt haben, damit man sie umso leichter unterscheiden kann. Eine solche Findigkeit hat ihnen Gott gnädig verliehen, ungeachtet der Tatsache, daß sie einfältige Leute sind. Und um die Wahrheit zu sagen, ich glaube, ich habe mein ganzes Leben lang kein frömmeres und friedfertigeres Volk als dieses gesehen.

Außerdem sind die Markierungszeichen, die ich bei ihnen festgestellt habe, hierher gesetzt.

Das mit dem Buchstaben A. gekennzeichnet ist, ist das des *Wingini*, des Herrn von *Roanoac*.

Das ein B. hat, ist das von dem Schwager des *Wingini*.

Die Markierungszeichen, die C. und D. haben, sind die verschiedener tapferer Krieger in *Secota*.

Denen aber die Buchstaben E., F., G. beigefügt sind, diese gehören den vornehmsten Herren in *Pomejooc* und *Aquaskogoc*.

Von etlichen der fürnembsten Herrn XXIII. in Virginia Marckzeichen.

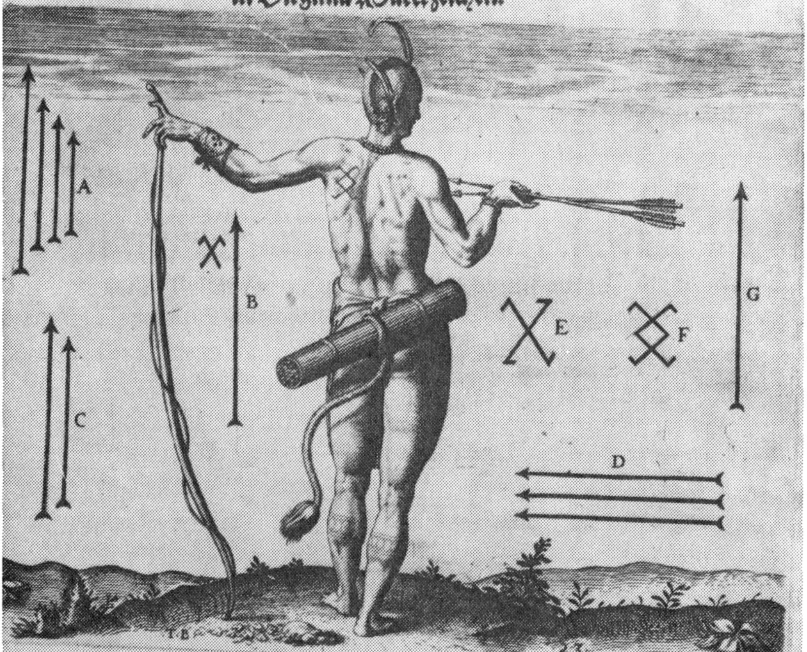

AVff ihrem Rücken haben die Innwohner der gantzen Prouintzien ein außtrücklichs Marckzeichen/daran man erkennen möge/welches Fürstens vntersassen sie seyen/vnnd auß was Landschafft sie geboren/deßwegen haben wir die Marckzeichen in dieser Figuren auffgezeichnet/also/daß wir die Namen der Stätte hinzu gethan/ auff daß sie desto leichter vnterschieden können werden. Eine solche spitzfindigkeit hat jhnen Gott miltiglich verliehen/vnangesehen/ daß sie gar schlechte Leute sind. Vnnd daß ich die Warheit sage/bedüncket mich / daß ich die Tage meines Lebens frömmer oder friedsamer Volck als das nie gesehen hab.

Ferrner sind die Marckzeichen/so ich vnter jhnen abgemerckt hab/hieher gesetzt.

Welches mit dem Buchstahen A. gezeichnet ist/ist deß Wingini/deß Herrn zu Roanoac.

Welches das B. hat/ist deß Wingini Schwagers.

Die Marckzeichen/so C. vnd D. haben/sind verschiedener Helden zu Secota.

Denen aber die Buchstaben E. F. G. beygesetzt sind/ dieselben gehören den fürnembsten Männern zu Pomeiooc vnd Aquaskogoc zu.

Dieser Ausgabe liegt das Exemplar

›Wunderbarliche
doch Warhafftige Erklärung
von der Gelegenheit und Sitten der Wilden In Virginia
[. . .] Gedruckt zu Franckfort am Måyn
bey Johann Wechel
in verlegung Dieterich Bry. Anno 1590‹

der Universitätsbibliothek Erlangen-Nürnberg, Signatur: Trew E 74, zugrunde. Herausgeber und Verlag danken der Bibliothek für die freundliche Bereitstellung dieses Werkes.